百年古考
话北京

北京宣传文化引导基金
BEIJING CULTURE GUIDING FUND

郭京宁 著

北京燕山出版社

图书在版编目（CIP）数据

百年考古话北京 / 郭京宁著 . -- 北京：北京燕山
出版社，2023.5
ISBN 978-7-5402-6031-6

Ⅰ . ①百… Ⅱ . ①郭… Ⅲ . ①考古工作－北京 Ⅳ .
① K872.1

中国版本图书馆 CIP 数据核字 (2022) 第 143803 号

百年考古话北京

作　　者	郭京宁
责任编辑	孙　玮　任　臻
出版发行	北京燕山出版社有限公司
社　　址	北京市西城区椿树街道琉璃厂西街 20 号
邮　　编	100052
传真电话	010-65240430
印　　刷	北京富诚彩色印刷有限公司
开　　本	710mm×1000mm　1/16
字　　数	150 千字
印　　张	14.75
版　　次	2023 年 5 月第 1 版
印　　次	2023 年 5 月第 1 次印刷
ISBN 978-7-5402-6031-6	
定　　价	88.00 元

序言 北京考古百年

一、新中国成立前的北京考古

北京是中国最早开展现代考古工作的地区之一。1918年瑞典人安特生即赴周口店开展调查。三年后，他又在周口店进行了北京第一次真正意义上的考古发掘。此后，"上穷碧落下黄泉，动手动脚找东西"，伴随着野外考古之风，北京考古蓬勃发展起来。1923年，北京大学的古迹古物调查会成立后，次年对圆明园文源阁、碧云寺古冢等开展了调查。也是这一年，这家社团组织更名为考古学会，这也是中国现代第一个正式以"考古学"命名的学术团体。1929年发掘了西城大木仓胡同的唐代墓葬，并据墓志文字初步确定唐幽州城的方位。

新中国成立前的北京考古，主要集中在周口店。持续31年的发掘，把现代考古的理念与技术带到了北京，并于

1929 年出土了引起世界轰动的北京猿人头骨化石。

二、改革开放前的北京考古

1951 年，北京市文物调查组成立（后来在此基础上组建了北京市文物工作队），北京有了真正意义上负责考古工作的单位。从此考古事业由新中国成立前发掘经费大部分都是国外基金会提供进入到独立自主的发展时期。

文物调查组成立后不久，就开展了全市第一次文物普查。当时对地上文物及古代墓葬、古遗迹进行登记，总数量达到 7000 余项。

随后较重要的考古工作有：1956 年在宣武门一带清理了上百口战国至西汉陶井，为寻找西汉蓟城提供了线索；1958 年对金中都翔实的调查，留下了宝贵的资料；在昌平雪山遗址首次发现了北京地区的新石器时代文化；1962 年对琉璃河西周遗址进行了试掘，初步了解了遗址的文化内涵；对昌平松园战国墓、清河朱房汉城、房山窦店汉城等重要遗址进行发掘。其中，对明定陵的考古发掘，是新中国成立后有计划发掘的第一座古代帝王陵墓，不唯北京，在中国考古学史上都有着举足轻重的意义。

这一时期的北京考古，起步和水平都是很高的。一是对北京各时期考古学遗存的面貌有了初步认识，能够从物质文化史上构建年代框架，给更深层次的研究提供依据。北京从时代上是金、元、明、清四朝的首都，从地理位置上是华北平原、东北平原、蒙古高原三大地理区域的交汇处，从民族关系上是北方草原游牧民族与中原农业民族的融合地带。这些时空族属特点使得北京蕴涵着大量、多样的考古资料，推动北京成为全国较早、较好建立古代文化时空框架的地区之一。二是对北京各地区发现的重要遗址、古代墓葬记录在案，对它们的分布情况有了基本掌握，为今后的考古工作夯实了基础。三是对北京地区的古墓葬、古城址和居址等各类遗迹进行了清理，掌握了不同遗迹的发掘方法。

"文化大革命"期间，北京市的考古事业受到影响。一方面是队伍的建设缓慢，甚至有的考古工作者改行。另一方面是基本建设工程中发现的一些古代墓葬被毁。但即便身处此等环境，北京的考古工作还是取得了一些成绩。

1969 年，清理了元大都和义门瓮城城门遗址。1972 年，对元代后英房居址进行了发掘，了解了元代官邸建筑的规模。1972 年起，对琉璃河遗址进行了长达六年的大规模发掘，指明了《史记·燕召公世家》记载的"周武王之灭纣，封召公于北燕"中北燕封地的具体位置。琉璃河遗址发掘的次数之多、时间之长，在北京考古史上仅次于周口店。1974 年发掘的大葆台汉墓，是国内首座得到确认的具有黄肠题凑结构的墓葬，墓主人应为西汉广阳顷王刘建及夫人。1975 年在昌平白浮发掘了西周时期木椁墓 3 座，出土随葬品 600 余件，为研究西周燕文化、中原文化以及北方文化三者关系提供了重要线索。1976 年，为了搞清地震灾害对文物的破坏影响及北京历史上地震灾害的情况，对北京等地进行了"地震考古"的调查。1977 年，发掘了平谷刘家河商代墓葬，为研究夏家店下层文化与商文化的关系提供了资料，出土的铁刃铜钺是迄今中国最早用铁的实例之一。

三、改革开放后的北京考古

"文化大革命"后，考古工作步入正轨。1981 年对唐代史思明墓进行了发掘，出土的玉册对于研究"安史之乱"后期的历史具有重要意义。在经过了大量的调查与勘探后，初步弄清了金中都城垣、宫殿区、城内外水系的规模与位置。1990 年为配合西厢道路扩建和住宅楼建设工程，发掘了金中都的应天门、大安殿和水关遗址，水关遗址还被评为当年的全国考古十大新发现之一。1996 年为配合王府井东方广场建设进行的考古发掘，在世界范围内首次在国家首都的中心区域发现旧石器文化遗存。1998 年为配合颐和园的局部施工，发掘了耶律铸夫妇合葬墓，这是北京至今保存最好、等级最高的元代墓葬。

这一阶段考古工作的进步，突出地表现在学术目的的转变。1982 年在苏秉琦先生的倡导下，"燕山南北、长城地带（区系考古）系列座谈会"召开，确定了以燕山南北、长城地带为重心的北方地区考古的专门课题，极大地推动了北京考古学文化区系类型的建设。平谷上宅和北埝头新石器遗址填补了北京新石器中、晚期文化的空白，由此提出的"上宅文化"是北京首支命名的考古学文化。房山镇江营与塔照先秦遗址，新石器至商周时期的发展序列较为完整，是北京首次发现的圜底陶器文化系统，对探索永定河以南地区原始文化的构成有着重要的意义。春秋时期的文化面貌，史书记载者寥寥，原本很模糊。通过开展对延庆军都山墓地的发掘，对北京北部山区山戎族的社会经济情况有了深入的认知。还有门头沟龙泉务辽代窑址发掘、北京旧石器遗存调查等工作，极大地完善了相关领域的研究。

四、21 世纪以来的北京考古

21 世纪以来，北京各类建设进入了增长最快的历史时期，考古工作为配合这些建设全面展开。较重要的有，为配合奥运场馆及配套工程、南水北调、京沪高铁、西气东输、北京城市副中心、世园会、大兴新机场等国家重点工程开展的考古工作。为配合海淀上地、大兴亦庄、丰台丽泽等大型开发区的建设，发掘了数千座古代墓葬。北京老城内的考古有玉河故道、澄清中下闸、明代皇城墙、普度寺、毛家湾瓷器坑、金中都城内遗址等，为研究老城的城市变迁和历史风貌提供了重要的资料。

主动发掘也取得了重要的学术成果。房山田园洞人表明 4 万年前周口店的古人类已呈现亚洲人遗传特征，是最早生活在东亚地区的现代人类之一。对门头沟东胡林人新石器早期遗址的发掘，填补了北京自山顶洞人以来古人类活动的空白，发现了迄今国内最早的人工种植的粟和黍的遗存。老山汉墓是继大葆台之后北京发掘的又一座大型汉代具有 "题凑" 结构墓室的墓葬，并首次在中央电视台进行了考古直播。汉代路县故城的发掘对了解北方汉代县城的规模、形制与布局提供了资料。延庆大庄科辽代冶铁遗址是国内首次揭露的大型辽代冶铁遗址，包括了采矿、冶炼、运输等一整套生产环节。对房山金代皇陵的调查与试掘填补了中国历代帝王陵墓考古的缺环。对圆明园的大宫门、养雀笼、如园等遗址的发掘揭示出清代皇家园林的建筑规制，极大补充了文献的空白。

更加注重健全保护机制。北京在全国最早推行地下文物埋藏区的举措，共划定 5 批 68 处市级地下文物埋藏区。2014 年实施的《北京市地下文物保护管理办法》是国内首部省级地下文物保护的规章，规定将考古调查勘探纳入建设项目审批的前置条件；并明确土储前要进行考古，在全国走在了前列。实施之后，北京由年均 20 项发掘增加到年均 70 项以上发掘。

更加注重文物保护与科技考古。较重要的有对老山汉墓的木材、金陵出土的漆木棺、石景山金墓的丝织品等有机类文物的保护。对大兴、延庆、石景山等地的辽、金代壁画墓进行保护及壁画颜色分析、制作工艺研究。对门头沟东胡林人墓葬、龙泉务辽代窑址、海淀清河古象牙等进行提取。对大兴的辽代仿木砖雕进行切割提取。为配合奥运飞碟靶场建设对发现的明代宦官墓葬进行了整体迁移，为配合地铁 4 号线工程对圆明园正觉寺清代皇家御道进行迁移保护。对汉代广阳城、路城、房山清代园寝、石景山大型明代宦官墓葬、唐代幽州卢龙节度使刘济及夫人合葬墓进行了整体保护。在发掘中注重古动物、古植物、体质人类学、古环境、冶金等多学科联合。

更加注重考古成果和文化遗产的挖掘、整理和阐释。加快考古资料的整理和转化，编写、出版了各类考古报告、研究专著 100 余部（册）。较重要的有《奥运场馆考古发掘报告》《南水北调北京段发掘报告》《军都山墓地》等。学术出版物的质量和数量得到了整体提升。公众考古效果良好。在圆明园、路城、琉璃河多地举行了参观、直播、实践活动。观看人数众多，反响强烈。推进考古遗址公园建设。发挥路城、上宅、金中都、琉璃河等大遗址的考古成果支撑和推动作用，整体谋划全市考古遗址公园的定位和布局，提升遗址保护展示水平。

原载《中国文物报》2021 年 7 月 23 日

目　录

百年周口店 万年古人类

1918 年，瑞典人安特生在周口店的试掘，拉开了北京现代考古的大幕。一百年来，周口店屡屡以重大的发现惊艳着世人。1987 年，中国第一次向联合国教科文组织提交申遗材料，当时提交 5 处：故宫、长城、敦煌、泰山、秦始皇陵兵马俑。世界遗产委员会的官员说，如果周口店都不能成为世界文化遗产，那么其他地方更没资格申请。时任周口店博物馆的馆长用 7 张作文纸写了申报材料。上报之后，立即被联合国教科文组织列入世界文化遗产名录。

串联旧石器时代的发展链条

周口店，由于一系列举世震惊的考古发现，从一个原本的北京房山的普通小村庄变为世界古人类文化遗址的圣地。这里有许多洞穴和裂隙，距今 50 万—20

周口店远景

万年前的第 1（北京猿人）地点、距今 17 万—15 万年前的第 4（新洞人）地点和距今 3 万年前的山顶洞人遗址是内涵较为丰富的，分别代表了旧石器时代的早期、中期和晚期。

北洋政府统治期间，中国与西方列强之间巨大的实力差距引起了执政者的不安，产生了依靠科学技术发展国家经济的迫切愿望。于是，带有找矿目的的地质专业被优先提上发展日程，农商部选择了瑞典著名的地质学家、古生物学家、考古学家安特生作为矿政司顾问，指导中国的采矿事宜。这一方面是因为安氏本身是国际知名的专家，另一方面北洋政府认为安氏不来自西方列强国家，不会被帝国主义的利益驱动。

1918 年 2 月，安特生偶然得知房山周口店一个叫鸡骨山的地方出有碎骨化石，那里的居民多以采石灰石和煤为生。采矿过程中，裂隙中蕴藏的动物化石屡有发现。这个线索引起了他的兴趣。

最早叩响北京人之家的著名考古学家安特生

于是他于 3 月 22 日骑了两天毛驴前往。化石多半属于啮齿类动物 (野兔或鼠类) 或鸟类, 骨头细小, 当地百姓误以为是鸡骨, 这座小山也因此而得名。当地人告诉他: "在北边山洞里龙骨又多又大。你何必在这里挖呢? ! " 他由当地人引导, 发现了一个日后将让世界为之瞩目的地方。

安氏在鸡骨山小规模试掘后, 找到少量动物化石。虽无重要发现, 但北京科学考古的大幕就这样被悄然拉开。这里后来被编为周口店的第 6 地点。除了周口店外, 他还发现了河南仰韶、锦西沙锅屯、甘肃齐家坪等著名遗址。

1921 年, 安特生与奥地利古生物学家师丹斯基、美国古生物学家葛兰阶再赴周口店。当地老乡带着他们来到三年前就知道的那处石灰岩采石场, 这里就是后来鼎鼎大名的周口店第 1 地点, 当天就清理出肿骨鹿、犀牛、鬣狗等古生物的化石。葛兰阶将平头铲、铁钩、毛刷等当时美国最先进的古生物学与考古学发掘工具及使用方法带到了周口店, 对日后的发掘尤其是化石的提取起到了关键的作用, 这些看似简单的工具直到现在仍被考古界所常用。

清理过程中, 几块白色石英碎片引起了安氏的注意, 因为石英本不该存在于石灰岩中。是什么力量将它们从山沟对面的砂页岩山头搬到这里呢？安特生想到了早期人类，并推测它们很可能是被人类用来切割兽肉的。于是他对师丹斯基留下了那句著名的预言："我有一种预感，我们祖先的遗骸就躺在这里。现在唯一的问题就是去找到它。你不必焦急，如果有必要的话，你就把这个洞穴挖空。"

果然，安特生和葛兰阶离开后不久，师氏就挖到一颗类人猿牙齿。1926 年，他在瑞典乌普萨拉大学整理这些发掘材料时又发现一颗前白齿。1927 年，师氏发表报告，将两颗牙齿鉴定为"人属？（Homo？）"。之所以加问号，是因为他觉得证据不足，还是留些余地为好。

1926 年 10 月 22 日，瑞典太子（后来的瑞典国王古斯塔夫六世阿道夫·古斯塔夫，他是一位狂热的考古爱好者）伉俪在安特生的力荐下来华访问。当日下午，中国地质调查所等单位举行的报告会上，安特生宣布了发现人牙的消息。在当时人类化石极为罕见的情况下，这一发现对世界学术界不啻一次巨大的震动。消息一经公布，全世界的目光聚焦周口店，其中就包括从德国留学归来的杨钟健和他的助手裴文中。同年冬天，在中国第一位地质学博士翁文灏和加拿大人类学家步达生等多位科学家的奔走推动下，最终促成了由美国洛克菲勒基金会资助、中外双方（代表中外双方的为中国地质调查所和北京协和医学院）合作的国际发掘项目。

当裴文中刚到周口店时，他还仅是一名后勤人员。工作之余，他除了自学《古脊椎动物学》这样的专著，还经常请教考古专家。1929 年，中国地质调查所设立新生代研究室（现在中国科学院古脊椎动物与古人类研究所的前身），专门负责周口店项目，聘法国人德日进为顾问，当年的发掘由年仅 25 岁的裴文中先生主持。

从春天到秋天，还没有大的发现。到了冬季，龙骨山顿显沉寂，

猿人洞

风声空旷。裴文中他们在洞穴靠近北裂隙的下部，发现了一个直径不大，但深约 4 米的洞。由于洞口太小，只能容两个人挖掘，即使是白天，里面也是漆黑一片。

12 月 2 日，那是一个星期一。这一天是中国考古学史上彪炳史册的一天。下午 4 时，阴冷的北风不停吹来，大地似乎都浸入了史前的沉寂。

洞外的人们能够听到，有节奏的锤镐声自洞穴内隐约传来。工人们不知道眼前的这个黑黑的、圆圆的物体是什么，裴文中让工人把绳子系在自己腰上，几个人拉住绳子，他下到洞中，原来是一个完整的头骨！他和工人们都高兴地喊了起来。

这个头骨化石一半埋在松土当中，另一半还在硬土里。夜间放在野外不安全，考古队决定用铁锹一下子把它取出来，但没想到一用力，硬土里的一部分竟然由于震动而破裂开来了。多年之后，裴文中仍然为这个微小的失误而自责，尽管这些破损并未对后来的研究有任何影响——头骨粘接之后完整如初。

他点着蜡烛把头盖骨取出，脱了上衣将其包裹起来取回。洞穴中虽然昏暗，但这页画面温馨而光辉，成为考古学史上的经典。

为了把它运回北平，他把头盖骨捧在手里，在炉火旁反复烘烤，又在上面包了五层棉纸，棉纸外再加石膏和麻袋片，直至包裹上的

裴文中先生与北京
猿人头盖骨化石

1929 年发现的第
一具北京猿人头骨
化石（复制品）

一切和头盖骨形成一个干燥而坚固的整体。

工作人员为裴文中与头盖骨拍摄了一张合影。只是由于当时胶片珍贵且太过在意刚发现的头骨，而忽略了它的发掘者，于是这张珍贵的历史照片中，裴文中只留下了半张脸！这也是一种残缺的美。

第二天中午，每位参加发掘的人分到了一碗红烧肉，大家全喝醉了！

因为这个重要的发现，龙骨山的命运改变了。每天在山上有一百多名工人上上下下，来来往往。卖花生、瓜子、糖、老豆腐、烧饼、油炸馃子的，都来兜售。周口店竟在兵荒马乱的年月繁荣起来。

1936 年春，洛克菲勒基金会只给了六个月的经费，如果这期间没有重大的发现，发掘可能会随时中断。当时负责工作的德国人类学家魏敦瑞和中国的贾兰坡先生都心急如焚，但他们的担心很快被突如其来的收获打消了。11 月 15 日至 26 日，一下子发现了 3 个头盖骨化石，特别是最后一个保存极佳。据说魏敦瑞听到这一喜讯后，连裤子都穿反了。11 天内发现 3 个头盖骨化石，成为当时的爆炸性新闻，周口店再次轰动了全世界。

北京猿人复原像

1937 年 7 月 24 日，随着卢沟桥的枪声响起，贾兰坡被迫绕道回北平。没过多久，周口店的看山人就惨死在日本人的屠刀之下，周口店的发掘也就暂时中断了。

30 年后，红卫兵顺石缝钻入第 4 地点旁边的几个小洞。这些小洞被称为新洞。在这里发现了人类牙齿化石 1 枚，这枚被命名为"新洞人"的人牙标本，各种测量数据都表明，介于北京猿人和山顶洞人之间。"新洞人"的发现，解决了在北京猿人之后与山顶洞人之前，周口店一带是否有人居住的问题。洞中发现的 2 件磨过的骨片是我国目前所知最早的磨制骨制品，代表了一种新的磨制工艺技术的开端。

1930 年，裴文中先生在第 1 地点南部发现了一个小山洞。因

贾兰坡清理北京猿人头盖骨（1936 年 11 月 26 日）

"新洞人"牙齿化石

它位于龙骨山顶，所以称为山顶洞。在这里共发现 3 个完整的头骨和部分躯干骨化石。发现之初，裴文中即指出它们属于真正的人类（Homo sapiens），是现代"中国人类之最早者"。

魏敦瑞认为 3 个头骨差别很大，分别属于严重混有欧罗巴人种成分的蒙古人种、美拉尼西亚人和因纽特人。这一结论意味着美拉尼西亚人、因纽特人与北京人不远千里来相聚。读者们听起来实在是有些瞠目结舌。但这一观点在一段时期内颇具影响，甚至还有人以《娶爱斯基摩人和美拉尼西亚人为妻的中国老男人》为标题讨论山顶洞人的种群。

中国古人类学家吴新智先生则认为魏敦瑞过分强调了他们之间的个性差异，实际上他们有许多晚期智人共有的原始特征，都代表着原始蒙古人种，从而彻底推翻了这一假说。

山顶洞人人骨周围撒赤铁矿粉末的风俗在欧洲旧石器晚期遗址中常有见到。当时人们的意识中，可能把红色作为鲜血的象征，是生命的来源和灵魂的寄生处。人死血枯，空余骨架，在死者及周围撒上象征鲜血的赤铁矿粉末，是希望死者在另一世界中复活。山顶洞人的这一安排，似乎代表一种原始宗教信仰。

骨针的出现意味着当时已用兽皮缝制原始衣服，抵御严寒。鹿角被认为是旧石器时代的指挥棒，或是武器。

山顶洞人复原图

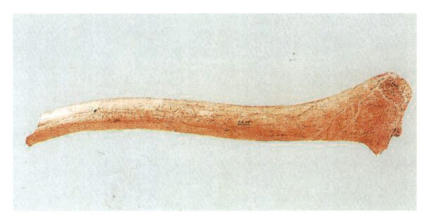

山顶洞发现的鹿角

　　山顶洞出土的装饰品令人叹为观止，包括石珠、钻孔砾石、穿孔鱼骨和兽牙、骨管、穿孔海蚶壳。它们属于古人随身的佩饰或坠饰，说明古人已经有明确的爱美观念，也表现出他们对事物同一性（同样大小或同类物件串在一起）的喜好，还表明古人对材料的整体把握、鲜明色彩的搭配能力、抽象思维能力、制作工艺水平已有了很大的提高。

　　小石珠、小砾石代表了山顶洞人石器工艺的最高水平，因为对石头的磨制和钻孔是进入新石器时代才流行的工艺。出现在旧石器时代，表明了古人的创新意识。

山顶洞的装饰品
（模型）

古人类学与史前考古学的圣地

　　周口店发现的文化遗物，跨越了从距今 50 万年前至 3 万年前的年代跨度。人的发展阶段经历了从直立人演化到早期智人，再到晚期智人，串起了早期人类发展的链条。

　　北京猿人的石器可分为两大类。第一类是刮削器、尖状器、雕刻器、石锥等轻型工具，数量占据绝对优势，其中最具特色的是用砸击法制作的大量两极石片和用两极石片加工成的两端刃器。第二类是砍砸器、石球、石锤、石砧等重型工具。

　　动物化石发现了 100 多种，数量最多的是哺乳动物和鸟类，其次是爬行类和两栖类动物。

　　第 1 地点的堆积中，还发现了灰烬层，有的灰烬厚达 6 米，从

北京猿人制作的典
型石器两极石片

中发现了大量烧石、烧骨、朴树核
膜和炭块。这些用火遗迹，种类之
丰富，数量之众多，在世界的古人
类遗址中实属罕见，表明北京猿人
已具有控制和管理火的能力。

鬣狗复原图

　　把周口店称为是古人类学和史
前考古学研究的"麦加"，是一点
也不过分的。

　　周口店是世界级科学家精彩演
出的大舞台。这里先后有瑞典、奥地
利、加拿大、法国、德国、中国的世
界一流学者在此工作。加拿大的步达
生甚至在北京的实验室中去世，在工
作过程中献出了生命。"八方风雨会

第1地点的烧石

中州"不但载入中国考古学的史册，也享誉国际史前学界。国际学
术界的关注和参与程度之高在中国的古遗址中绝无仅有，世界上也
不多见。不仅是科学研究上的精彩，在战乱动荡的年代，许多科学
家不顾自身的安危，保护科研标本的安全，也闪耀着人格上的光辉。
学者们成就了周口店，周口店也成就了诸多学者。例如法国人德日
进对北京猿人和晚期智人演变的观点到现在在西方都很有影响力，
德国人魏敦瑞对人类化石的研究至今仍是古人类学上的经典。

　　周口店是培养中国史前考古学家的黄埔军校。通过国际合作，
中国学者们不仅了解到古生物学与古人类学界的最新动向，也掌握
了当时国际上先进的发掘方法和技术，从而大大促进了中国考古学

周口店早年的部分发掘者（左起：
裴文中、王恒升、王恭睦、杨钟健、
步林、步达生、德日进、巴尔博）

与世界考古学的接轨。裴文中等中国第一批史前考古学家均从这里
起步。贾兰坡先生高中毕业但最终成长为集中科院院士、美国科学
院外籍院士、第三世界科学院院士于一身的三栖院士。

　　周口店所确立的发掘和研究方法，成为中国旧石器时代考古学
发展的根基。"水平方格法"发掘，至今还在发挥着作用；多学科
综合研究的传统，也一直影响到今天。

　　周口店是近代中国科研项目中的佼佼者。周培源先生指出，旧
中国发展较快的学科是"地质学、生物学和考古学"。考古学很大
程度体现在周口店上。曾任中国科学院院长、国务院副总理的方毅说，
北京猿人化石的发现是中国人在国际科学界摘取的第一块金牌。

　　周口店的学术发展史是中国20世纪社会和科学史的缩影。它
经历了抗战前寻找人类化石和遗物的辉煌时期、抗战时的艰难时期、

新中国成立后的多学科研究持续发展时期，研究历程非常曲折。它的兴衰和发展与时代脉搏和民族命运紧紧相连，与学科发展目标的不断变化丝丝相扣。

周口店揭开了北京人类历史的序幕，使北京成为世界上最早进入人类社会的地区之一。它所代表的北京早期人类活动的研究，是北京人文领域建设的重要内容。北京也是世界上少数在国家的首都存在直立人化石的地区。

周口店是科普教育活动的窗口。早在发掘之初，杨钟健先生就提出"把死动物变活与群众见面"的口号。裴文中、贾兰坡等均以生动的笔触撰写了大量科普文章，深入浅出地介绍研究成果，使更多人了解这项工作的意义。周口店遗址还是北京市的爱国主义教育基地，很好地起到了历史唯物主义和文物保护教育的作用。

世纪悬案

在旧中国战乱频仍、穷困潦倒的环境下，北京猿人的发现是如此不易，凝聚了众多中外科学家的心血和努力。但是，令人痛心的事情发生了，北京猿人化石在战乱中居然莫名其妙地失踪了！

故事还要从那个战火纷飞的年代说起。

1937 年"卢沟桥事变"爆发前，猿人化石一直保存在北平美国人的协和医院中。到了 1940 年 12 月，美日战事一触即发，化石若继续留在医院会很不安全。中国地质调查所与协和医院最终协商化石由美国人带出中国，计划存于纽约的美国自然历史博物馆。

1941 年 11 月初，魏敦瑞接到美方指示，将 5 个头盖骨化石、牙齿、其他骨骼化石以及山顶洞人的全部资料送往美国大使馆。当他看到两只精心包裹的大木箱安全送入美国大使馆后，终于松了一口气。但是他哪里知道，从此一别成永恨，化石就如泥牛入海一般，再也没有消息了，成为无数中国人扼腕叹息之痛。

1941 年 12 月 7 日，"珍珠港事件"爆发，美日正式宣战。第二天，北平的日军就冲进协和医院准备接收北京猿人化石。当然，结果可想而知，他们只看到了空空如也的保险柜。第二天上午，美军护卫化石的专列刚刚抵达秦皇岛车站，就受到了驻扎在这里的日本军队的突然袭击，专列上所有物品包括化石都被日军劫走。

1945 年 8 月，日本宣布无条件投降。不久发布公告声称，已将劫掠到东京的一批古人类化石连同发掘工具一起，移交给了盟军当局，以便归还中国。然而中国政府从盟军总部接收到的清单中，却没有北京猿人化石。盟军总部也应中国政府之邀，动用驻日盟军广泛搜寻，但结果一无所获。

从 1941 年失踪开始，北京猿人化石一直牵动着无数中华儿女的心。80 多年过去了，化石的归宿仍是一团迷雾。关于化石去向的猜测不下 20 种，百分之九十是子虚乌有，有些甚至几近传说。以下列举几则关于北京猿人化石去向的说法。

化石已毁说。许多专家认为，战时日本政府、战后美国政府以及新中国成立后的中国政府都进行了大范围的寻找，但都没有任何消息。化石可能已经毁于战火，再也无法找到了。

在日本人手里说。一位日本友人称，在返日前的 1946 年 1 月 4 日，他和一个部下一起逃至时任长春伪满洲自然博物馆自然科学部部长的岳父家避难。岳父乘着酒兴给他们看一个用白布包裹着的头盖骨，并说这就是北京猿人的头盖骨。于是他大胆推测，头骨有可能埋藏在岳父墓穴中。但最终这个线索也未得到证实。

埋在北京日坛说。1996 年，一个日本老兵临终前称，化石埋在北京日坛公园的一棵松树下，这棵松树被做了特殊记号。中国学者去调查时，真的找到了这棵带着记号的松树。但经过发掘，最后一无所获。

随日本军舰沉水说。化石在日本军舰"阿波丸"上，并随着其被击沉而一起沉入了海底。这是迄今最为流行的说法。电影《举起手来 2：追击阿多丸》，就采用了这个说法。但经过打捞，部分船体中的出水物并没有发现化石的踪影。

在天津说。据曾护送化石转移的美国人说，装有化石的箱子放在天津的美国海军陆战队兵营大院的地下室内。但调查之后，并没有发现任何东西。

以上几则说法经过实地调查，最终证明大多并非真实情况。只有"阿波丸"的线索需要将军舰彻底打捞出水才能最终确认，而这也是国人最后的希望。

北京猿人头盖骨化石的丢失，无论对于中国还是世界学术界都是无可挽回的巨大损失，成为考古学家们抱恨终身之事。裴老在逝世前一直在背诵着"王师北定中原日，家祭无忘告乃翁"。贾老在临终前也说："我今生今世最放心不下的就是那些遗失的北京猿人头骨，这几乎成了我的一块心病。"

时至今日，古人类化石回归祖国，成为人们共同的心愿。

原载《大公报》2018 年 8 月 15 日

走出洞穴的远古文明——

王府井古人类文化遗址

由香港著名实业家李嘉诚先生投资建设的北京东方广场，位于王府井以东，是北京闻名遐迩的商业区。这里游人如织，往来熙攘，无一不流露出现代、时尚的元素。但当人们从地铁1号线王府井站B1口出来，却很少有人会注意到此处居然还是一处2万年前的遗址，这就是王府井古人类文化遗址。

这是世界范围内，唯一发现于首都中心区的旧石器时代遗址。这处遗址与北京房山周口店山顶洞人关系密切，诉说着北京地区远古文明的传承与联系。人类此时已具有的用火、控火和烹饪的能力，以采集和狩猎为主要模式的经济活动，石器时代之原始审美与艺术萌发，都得以体现。

它是如何被发现的？有哪些重要发现？得到了怎样的保护？

王府井古人类
文化遗址

有心插柳

著名考古学家苏秉琦先生在《六十年圆一梦》中说："考古是人民的事业，不是少数专业工作者的事业。人少成不了大气候。""'其大无外，其小无内'。是大学问，不是小常识……科学化与大众化是这门学科发展的需要。"

的确，考古学虽然冷僻，但并非是只属于少数专业人员的。北京考古史上，许多重要的发现恰得益于有良知的学者、热心的市民，甚至是废品收购站！

1996 年 12 月 14 日，北京东方广场建设的前期准备工作进入间歇期，时为北京大学博士生的岳升阳先生来到施工现场进行野外调查。

当年开工建设的东方广场由香港建筑师丁广沅设计，是当时亚洲最大的商业建筑群之一，有北京的"城中之城"之称。

他对这个地点的关注不是心血来潮的。作为一名在历史地理领域颇有造诣的学者，他深谙早在 1955 年，此地西去 400 米北京饭店的建设工地上，距地表 10 米之深、古永定河的洪（冲）积扇地层中就发现了德永象（一种猛犸象属动物）的臼齿化石。20 世纪 70 年代，东去 2 千米的地铁建国门站挖基槽时，也发现了赤鹿、象的门齿化石。两处发现的化石年代都属晚更新世晚期，距今约 3 万—2 万年。这说明处于两者之间的王府井地区埋藏古生物化石的可能性极大。从报纸上得知东方广场正在施工后，他便来到现场考察，希望能有所发现。

来到工地后，起初他寄希望于地层剖面，因为剖面可以观察到各个时代的地层堆积。但在仔细观看了挖掘机在壁面留下的痕迹后，他并没有什么发现，于是准备打道回府。但也许是冥冥之中自有天意，他往回走了一段路后并不甘心又折了回去，观看挖掘机在地面留下的痕迹。功夫不负有心人，这次幸运女神眷顾了他，在距地表已 10 余米深的挖掘面上，他惊喜地发现了一些碎骨、石片等遗物。这些可能是人类早期活动留下的文化遗物让他十分兴奋和激动。

曾从事文物工作的岳升阳先生采集了相关标本，对它们进行了科学的分析。两天之后，他将这一发现向文物部门作了汇报。文物部门当天下午即复查了现场，确认这是古人类的遗址。

该遗址面积大约 2000 平方米，依据碳十四测年和热释光测年分析，遗址的地质时代为晚更新世晚期，考古学年代为旧石器时代晚期，距今约 2.6 万—1.5 万年。

东方广场发掘现场

在开发单位，特别是爱国人士李嘉诚先生的大力支持下，1997年1月至8月，文物部门对这处遗址进行了连续的发掘，总发掘和清理面积达 892 平方米，并对石器较集中的地点、用火遗迹进行了切割、套箱提取。

远古文明

文化遗物来自上、下文化层，出自距地表 11.42—11.78 米的河湖相地层中。出土石制品、骨制品、赤铁矿碎块、动物化石和用火标本等共 2000 多件。这些旧石器时代的遗物反映了当时人类的加工技术水平、生产活动和生活情况，也为古环境和古地貌的研究提供了依据。

单凸刃刮削器

骨雕刻器

　　1098 件石制品中，上文化层出土 71 件标本；下文化层出土
1027 件标本。石器类型有刮削器、尖状器、雕刻器和石钻，以刮削
器和雕刻器为主，证明此遗址属于小型石片石器类型。有的标本可
能使用了压制法或指垫法进行修整，加工方式以向背面加工为主。
这些标本是古人在这里生产生活的真实纪录，也是研究当时人类的
工具制作技术、经济生活方式和生存适应能力的宝贵资料。

　　1099 件碎骨中有 411 件为骨制品，上文化层出土骨制品 20 件，
下文化层出土 245 件，从地层中采集和筛选 146 件。通过对碎骨表
面痕迹进行观察和分析，发现许多切割、砍砸痕迹，是人们宰杀动
物时留下的。骨制品的原料主要是大动物的肢骨，类型包括骨器、
骨块、骨核、骨片、骨屑，骨器有骨铲、尖头器、雕刻器和刮削器等。
打制骨片和加工骨器主要采用锤击法和砸击法，偶用压制法。加工
骨器的方式，采用向骨表面、向髓腔面、错向和屋脊形打法四种。

　　骨制品上有人工刻划、切割和砍砸痕迹，还有的上面附有赤铁
矿粉末，可能与当时萌生的审美观念或祭祀行为有联系。

　　旧石器时代的刻划记号、符号和图像，是研究原始艺术和探
讨远古人类思维的重要依据。这些有人工划痕的骨片，似侧柏的

形状，可能表示一种植物。这种原始雕刻艺术，是远古人类为表达他们的生活环境或植物崇拜而制作的。人工划痕骨片的发现是继山顶洞人骨制品之后的又一重要发现，华北

划痕骨片

地区亦不多见，为研究旧石器晚期骨器的制作技术和艺术品提供了宝贵依据。

遗址中发现有丰富的古人类用火遗迹与遗物，包括烧骨、烧石、木炭和灰烬等。用火遗迹的分布具有一定的规律，上文化层有 2 处，下文化层有 4 处。上文化层出土的一些经过火烧的石块（片）和骨片可以各自拼对起来。这反映出古人制作石器和骨器具有一定的工艺程序。

用火遗迹中心留存有炭灰，浅小且平整的坑面可能为使用石制工具或骨制工具挖掘而成。烧石多呈不规则放射状分布于炭灰堆外缘。烧石有助于聚拢火源和放置烧烤食物，也能放树枝用来烧火。王府井用火遗迹，是继山顶洞用火遗迹后的又一重大发现，对研究石器时代用火的发展与延续十分重要。

遗址中出土了赤铁矿碎块、石砧和石锤，后两者因研磨附着赤铁矿粉末而呈红色，似可见古人类原始的宗教意识与神秘的审美取向。

动物骨骼化石有原始牛、斑鹿、蒙古草兔、安氏鸵鸟、雉和鱼等，是复原当时北京生态环境的珍贵资料。

用火遗迹

赤铁矿碎块

哺乳动物化石

城市之光

这是世界上首次在国家首都的中心区域发现旧石器文化遗存，引起了巨大的轰动。1997 年 4 月 18 日，贾兰坡、刘东生、侯仁之三位考古、地质、历史地理方面的资深院士齐聚现场指导，成为北京考古史上的一段佳话。

北京市中心发现古人类文化遗址的消息引起了社会各方面的极大关注。那段时间，北京的各大媒体几乎每天都在追踪着发掘进度。

妥善保护这一珍贵的遗址和出土文物，真实再现考古过程，展示 2 万多年前北京地区先民们的生活情景，讲述首都灿烂的远古文化达成了社会共识。1997 年初，张立源等 32 位北京市政协委员纷纷提案，建议在王府井东方广场遗址现场建设博物馆。在北京市委、市政府的支持下，东方广场有限公司和东城区政府在王府井地铁车站的位置，兴建了王府井古人类文化遗址博物馆，东城区文化委员会和中国科学院古脊椎动物与古人类研究所在这里主办旧石器时代遗址展览，对发掘出土的石器、动物骨骼、人类用火遗迹等进行展示，为高楼大厦密集的东单商圈增加了文化底蕴和新的亮点。

王府井古人类文化遗址博物馆于 2001 年 12 月 28 日，遗址发现 5 周年纪念日之际向社会公众开放。参观者们可以在此感知原始时代的生活，回访 2 万年前石器时代先祖的家园。

沧海桑田，物是人非。读者们若是经过王府井，不妨前往这处小而精的博物馆转转，定会感慨深邃悠远的古老文化与日新月异的现代化建筑之间的转换是如此的白驹过隙。

原载《大公报》2017 年 5 月 31 日

北京文明的曙光
——永定河畔的古人家园

2022 年 5 月 27 日下午，中共中央政治局就深化中华文明探源工程进行第三十九次集体学习。习近平总书记在主持学习时强调，"经过几代学者接续努力，中华文明探源工程等重大工程的研究成果，实证了我国百万年的人类史、一万年的文化史、五千多年的文明史"。北京东胡林遗址就是中国众多新石器时代早期遗址中的一处重要遗址，表明永定河与中华文明起源关系密切。

一、一万年前的古人类

东胡林遗址位于门头沟区斋堂镇东胡林村西，永定河支流清水河北岸的三级阶地上。这里既可以方便地取到生活用水并打到鱼，又不会因离水过近而面临洪水的危害，还比较避风，在寒冷的冬季便于抵御严寒。这个地区属于北京

东胡林遗址位置示意

西山褶皱断块山地的一部分,处在黄土高原和华北平原的过渡地带。

1966 年, 一群北京大学地质地理系的学生在村边无意中发现了一座古墓。墓中埋葬有两名成年男性和一名 16 岁左右的少女。学生们有地质方面的知识, 觉得这座古墓不同寻常, 就报告了有关单位。事后得知, 这是华北地区首次发现的新石器时代早期墓葬。

少女颈部挂有用 50 枚生长于海滨的蜒螺组成的项链。每个螺壳的顶部都磨出小孔, 以串联绳索。这与山顶洞人用穿孔蚌壳、穿孔石珠等作装饰物的风格是一脉相承的。她的腕部还戴有镯, 由长短相间的 7 枚骨管 (长的 4 枚、短的 3 枚) 组成。骨管由牛的肋骨截断磨成。

2001 年以来, 为了解古代居民的生活情况, 考古人员进行了多次发掘。发现了墓葬、灰坑、灰堆、石器制造场等, 出土了石器、

陶片、骨器、蚌器，还采集炭样、
土样、动物骨骼、螺壳、朴树籽等
标本以供测定年代、进行孢粉分析
及 DNA 研究。

　　对这些标本进行了碳十四、
光释光等多种方法的测年，取得
的数据已有 30 余个。经过分析，
东胡林遗址的年代大致在距今
11000—9000 年间。

东胡林人佩戴的
螺壳项链

　　距今约一万年前的时期是旧
石器时代向新石器时代过渡的关键时期。人类社会的一系列重大技
术变革都是在这个阶段出现的。目前华北地区已发现的新石器早期
遗址除东胡林外，还有河北徐水南庄头、阳原于家沟，北京怀柔转年，
山西吉县柿子滩等，只有东胡林遗址是各类遗迹和出土遗物种类最
全的。

　　东胡林遗址一万年来连续堆积的地层厚达 2 米，包括了从更新
世晚期至全新世中期的多层堆积，既有古代人类活动的文化堆积，
又有因风沙、水流影响形成的自然堆积，对于研究北京乃至华北地
区晚更新世以来的环境变迁和人地关系具有十分重要的意义，为研
究新仙女木期之后的气候升温和板桥期侵蚀形成的河谷地貌对古人
类活动场所的影响提供了具体实例。

　　东胡林人墓葬对于研究中国新石器早期人类及其文化有十分重
要的意义。东胡林人将他们的遗骸掩埋在黄土台地上，这个变化说
明当时的人们已离弃世代居住的岩洞，开始在河畔的台地上开辟新

的劳动和生活区域。同时，古人类遗骸的发现填补了自山顶洞人、田园洞人以来，北京地区人类发展史上的一段空白。为了解全新世以来人类的发展与演化，提供了科学的依据，对于研究新石器早期人类的体质人类学、食物结构及谱系有重要的科学价值。

二、艰难的生存和临时的营地

1966 年发现的少女，她的齿槽突出明显。如果复原相貌，就是嘴巴嘟起，这一特征也见于北京猿人和山顶洞人，而现代人的出现率则很低。少女的下颌角表现出较大的原始性，颏孔上移位置较山顶洞人进步。少女的颏突度（指下颌下齿槽点 Id 与颏下点 gn 的弧弦之比）数值接近山顶洞人，而比其他新石器、商代的人骨小。牙

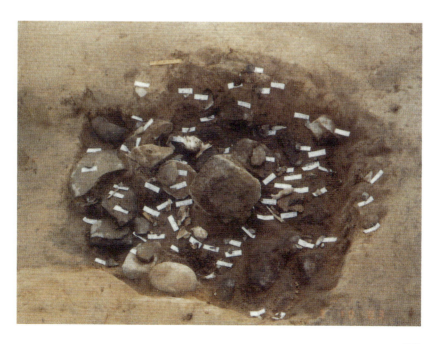

灰堆

齿磨耗的多样反映食物多样化，表明他们面临较大的生存压力。在
她们身上还检测出多孔性骨肥厚（该症状推测为缺铁性贫血造成），
这表明东胡林女性的营养状况不良。

　　灰堆是他们烧火后留下来的。它们的平面多近圆形——这样也
便于大家围成一圈。灰堆的边缘有数量较多的兽骨、砾石和石块，
有的兽骨和石块有明显的火烧痕迹。灰堆中心部位则有大量黑色灰
烬。上部的石块堆积较乱，而底部的石块则经过排列，比较整齐。这
是因为废弃后上部的石块倒塌或用石块灭火，使整个上部堆积显得
较杂乱。

　　人类踩踏的活动面内有两个疑似柱洞的遗迹，活动面之外有红
烧土面。活动面是否是古人类的居址？仍待进一步的论证。

　　考古人员还发现了一处大小不等的石块、石片、石屑、半成品
集中的区域，推测这是当时的石器制作工场。

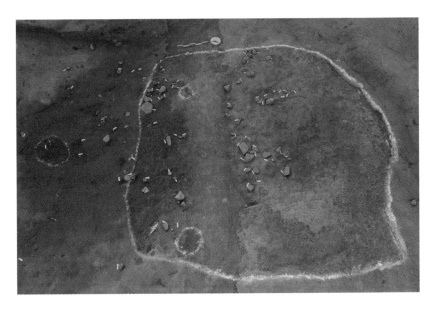

人类活动面

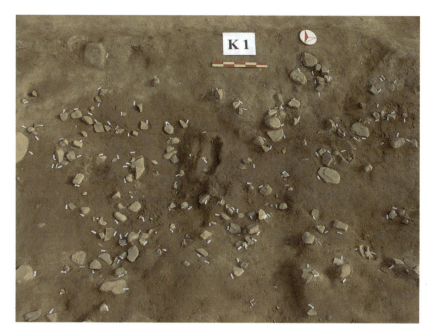

石器制作场

三、先进的石器和原始的陶器

在东胡林遗址中，石器是数量最多的遗物，分为打制石器、磨制石器、细石器、小石器四类。

所用石料大多就地取材，来自河滩砾石，质地有凝灰岩、砂岩、脉石英、燧石等。打制石器包括砍砸器、刮削器、锤等。"人猿相揖别。只几个石头磨过，小儿时节。"磨制石器是进入新石器时代后方大量出现的器类，包括磨盘、磨棒、斧、锛等。它的出现使生产精细化，也提高了效率。细石器包括石核及石叶等。小石器也是打制石器的一种，只是体型较小，包括尖状器、雕刻器等。

据研究，华北地区旧、新石器过渡进程中存在着两种模式。一种是由旧石器时代晚期细石器工业过渡为新石器文化，另一种是由旧石器时代晚期小石器工业转变为新石器文化。东胡林遗址属于哪一种还有待于进一步的研究。

磨制石磨盘和磨棒

　　东胡林遗址中发现了目前北京最早的陶器。陶片多为器物腹片及底片。陶片多为红褐色，因烧制火候不高，质地疏松。陶器均为夹砂陶，有夹粗砂和夹细砂之分，以夹粗砂者占多数。器表多为素面，少数饰有附加堆纹、压印纹。从陶片的断面看，制作方法为泥条盘筑法和泥片贴筑法。从器型看，一般为平底器，主要有平底盆（盂）、罐等。人们利用土、水、火三种自然元素，做出了陶器这一新的物品。这是人类最早的化学应用。

细石叶

　　动物骨骼数量较多，多为鹿类动物的肢骨、角及颚骨、牙齿等，还发现有猪、獾的骨骼、牙齿及大型禽类的肢骨等。软体动物如螺、蚌、蜗牛等的壳也发现了很多，

陶盆

且种类丰富，最大的蚌壳直径可达 20 厘米以上。这说明当时人类食物结构中，狩猎来源非常重要。

四、原始农业的最早萌芽

通过植物考古研究，鉴定出完整的粟和黍的谷粒，这是目前中国考古发现最早的栽培粟和黍两种谷物的实物。

东胡林遗址的动植物遗存，为研究中国北方地区粟类旱地农业起源、家畜起源等问题提供了十分宝贵的材料。从大量动物骨骼可以看出，当时人类食物的来源以狩猎为主。但自人类有了定居的生活方式后，采用更为稳定的模式获取食物成为一种必然。因而有学者提出，北京有可能是东北亚地区最早产生农业的地区之一。因为原始农业的萌芽应运而生，所以，也有人把这个时期的古人称为"农人"。人类由采集、渔猎过渡到改造自然，标志着即将迎来文明的曙光。

原载《北京晚报》2022 年 8 月 26 日

文明之火耀京东

——平谷上宅新石器遗址

京东平谷，美丽的金海湖之北，有一座面积不大但颇具特色的博物馆——上宅文化陈列馆。

上宅遗址是如何被发现的？都有哪些重要发现？上宅文化对于北京有什么样的意义？

挖掘机下的抢救

1984 年 11 月，正在开展北京市第二次文物普查平谷县调查的几位考古人员行进到了距县城 17 千米、金海湖镇的上宅村。发现村西北的台地上，陶片、石器俯拾皆是。一座小砖厂还在疯狂取土，蚕食着遗址，场面触目惊心。他们马上就在破坏严重的断崖边进行了试掘，获得大量的陶器、石器。

上宅村，明代此地曾安兵扎寨，故时名上寨，近现代改为今称。清雍正六年

(1728 年)《平谷县志》中记载有"上寨庄，三十里"。据村民反映，20 世纪 60 年代平整土地时，曾在遗址上发现成片的红烧土，推测为遗址居住区。

通过考古研究，初步确定遗址的主要文化堆积属新石器时代，是北京地区独具特色的一种新石器文化。遗址出土的木炭标本，经碳十四年代测定及树轮校正后，可知年代在距今 7500—6000 年之间。

碳十四测年法的原理基于自然界中碳元素的三种同位素：稳定同位素碳十二、碳十三和放射性同位素碳十四。自然界中的碳十四是宇宙射线与大气中的氮通过核反应产生的，它的半衰期为 5730 年。碳十四不仅存在于大气中，而且随着生物体的吸收代谢，经过食物链进入活的动物或人体等一切生物体中。生物体死亡之前，通过碳循环与大气中的碳保持碳交换，从而和大气碳的碳十四比例保持一致，致使碳十四在自然界中（包括一切生物体内）的含量与稳定同位素碳十二的含量的相对比值基本保持不变。生物体死亡后，与大气碳交换终止，体内碳十四被封闭，开始衰变，形成碳十四年代的起始点。因此通过测量死亡生物体内碳十四的含量，就可以准确算出它的存在年代。

美国放射化学家 W. F. 利比因发明了放射性碳十四测年的方法，为考古学做出了杰出贡献而荣获 1960 年诺贝尔化学奖。由于碳十四含量极低，而且半衰期很长，所以用碳十四测年法只能准确测出 5 万年以内的出土文物，对于年代更久远的出土文物，如生活在 50 万年以前的北京猿人，是无法测定出来的。

1985 年初，遗址文化层堆积最厚的南部又被砖厂取土破坏了一百多平方米。此事被平谷县电视台曝光后，文物部门坚决制止了此行为并开展了持续三年的考古发掘。

发掘区各探方的地层统一划分，自上而下共分为八层。挖完第七层后，距地表深已近 2 米，大家发现土层和生土（天然原始土）很像，但又不一样。画图、照相之后，再往下挖，发现下面的一层不是生土。这层很硬，厚达一米左右，在一个探方中才发现三两片陶片，陶片的特征和内蒙古敖汉旗的兴隆洼文化（距今约八千年）接近，还有人发现了炭屑。当时布了十个探方，把其余九个方也都挖掉一层。这十个方加起来也就发现了二三十片陶片。大家当时不是太懂，但感觉和四至七层的文化内涵不同，决定作微量元素成分的对比分析。

取上宅本地的土和四至七层的陶片做分析，最后结果一样，说明四至七层陶器就是用上宅当地的土烧制的；而第八层的陶片和当地土样的微量元素却差距很大，说明第八层的陶片不是在当地制作的，而是外来的。孢粉研究表明，上宅第八层是在干冷的环境中形成的，而四至七层则变成温暖湿润的环境了。

经过 1984 年 11 月—1987 年 12 月的发掘，上宅遗址总发掘面积达 2860 平方米，其中新石器时期文化堆积较好的约 700 平方米。粗略计算，获陶、石器数千件。

灿烂的史前文明

出土的雕像主要以石、陶制成，包括石龟、石猴、陶猪头、陶海马、陶熊、石鹗、陶蛇等。如果以自然界的动物种类区分，有爬行动物、哺乳动物和鸟类。

石龟以黑色滑石制成。颈部有一穿孔，长 4.6 厘米、宽 2.9 厘米。壳身圆弧状隆鼓，后有小尾。头部略尖，呈三角形，所以也有人说称"鳖"似乎更合适。头上用富有顿挫感的阴线雕出嘴、目。脖颈微缩，两侧有四肢伸出，如同在游泳。四足和尾短而有力，足底划出数道硬朗的阴刻线。

石龟

同为黑色滑石质的小猴（也有人认为是蝙蝠），大眼睛令人印象深刻，眉毛、耳朵、鼻、嘴，丝毫入微，下部为一蝉形身子（可能这就是被人认为是蝙蝠的原因），肩部有一横向穿孔。全长 3.1 厘米、宽 1.4 厘米、厚 1.35 厘米、孔径 0.5 厘米。尽管没有发现当时的文字，但先民们已形成了直观的显而易见的、能够共同理解的表达方式。

石猴

猪头是泥质红褐陶质，长 8.7 厘米、宽 4 厘米。头形瘦长，双耳较小向后背。嘴圆，前端有两个鼻孔。拱嘴两侧刻划獠牙一对。因为嘴长，有人认为这是一头野猪。中国人与猪的不解之缘从文字中可以看出："家"字是一个

陶猪头

会意字，上面的宝盖头指房子，下面的"豕"字即是猪。由此可见猪在古人生活中的重要地位。

熊头是泥质褐陶质。头部前伸，上面刻出眼、鼻、嘴，双耳较小在顶部。是不是呆萌、憨厚又威武？

看完了走兽，再看看飞禽。鹗是黑色滑石质，整体呈三角形。鹗俗称"鱼鹰"，是一种大型鹰类。鹗头上有一个贯孔代表双眼，两眼之间为鸡冠状凸棱，两侧有双耳，通长 2.8 厘米、高 1.9 厘米、孔径 0.6 厘米。

鹗在中国古代文学作品中经常出现。《山海经·西次山经》里有这样一个故事："钟山山神烛龙有个叫鼓的儿子，和另一个叫钦䲹的家伙合伙将一个叫祖江的天神杀死在昆仑山的东南方，黄帝知道这事后很生气，将他们杀死在钟山南面的瑶崖。钦䲹戾气不散，化作一只像雕的大鸟，白头红嘴，虎爪，背上有黑色斑纹，鸣叫的声音像鹄，它出现在世上，世上就一定会有大的战乱。"这东西就叫作鹗。

不过，后来鹗的象征含义变化了。唐诗人章碣有"鹗归秦树幽禽散，星出吴天列舍空"之句。鹗荐，比喻推举有才能的人。后人以

陶熊头

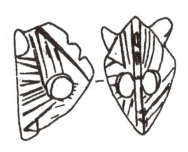

石鹗

"荣膺鹗荐"为贺人登科之颂辞。

鹗立，像鹗之伫立不动，比喻卓然超群。唐诗人李白在《赠宣城赵太守悦》诗中云："差池宰两邑，鹗立重飞翻。"王琦注："《埤雅》：鹗性好峙，故每立更不移处，所谓鹗立，义取诸此。"唐黄滔《狎鸥赋》："岂鹰扬于霄汉之外，乃鹗立于烟涛之曲。"唐诗人孟郊的《赠转运陆中丞》："鹏飞簸曲云，鹗怒生直风。"清钱谦益《送福清公归里》诗之二："鹗立朝端领搢绅，飘萧鬓发见风神。"

扯远了，赶紧回来。这些小小的雕像作品，是做什么用的？

一些学者因为它们都非常小，特别是以黑色滑石雕成的雕像，体积一般不超过 5 厘米。上面都有穿孔，可以作系挂之用，认为是古人佩戴的装饰品，大概和现在手机链或钥匙链上的装饰物是一样的。

也有学者认为这些雕像可能与当时的宗教崇拜有关。尤其是石龟在同类雕塑品中年代最早，不排除为红山文化（辽宁西部的一支新石器文化）玉龟前身的可能性。

还有一些研究者认为这些动物雕像具有写实意义，加上上宅遗址还出了很多的陶响球、石球，与安徽潜山薛家岗、陕西临潼姜寨、湖门天门邓家湾等新石器遗址出土的陶球功用一致。在与国外西亚、埃及等地发现的陶筹与计数工具对比后，认为雕像与陶球的组合可能是计数工具，就是在计算的对象（动物）后放陶球，用以计数。

尽管它们真实的功能还没有定论，但都是古人艺术创造的结晶，是先人留给后人的宝贵文化遗产。

著名考古学家苏秉琦先生仔细观摩了这批雕像。他以开玩笑的口吻对当时的考古领队说："这些东西很重要呀，你们宁可把它埋了，也不能破坏它呀！"

除了雕像外，遗址中还出土了大量的陶器和石器。陶器分夹砂和泥质两大类，夹砂陶又分为夹粗砂、夹细砂和添加滑石粉 3 种。器型以罐、钵、碗等为主，代表器物有大口深腹罐、平底钵、圈足钵、盆等。器表多饰抹压、刮条、压印"之"字、篦点、篦划、"人"字纹划纹、"回"字形纹、窝纹等纹饰。石器数量众多，分为大型石器和细石器。大型石器以盘状器、斧状器、砧石最多，其次有凿、铲、磨盘和磨棒、球等。细石器多为石叶、石镞、尖状器等。

上宅的文物展现了创造者的智慧，展示了主人的多才多艺。

他们是出色的雕塑家。各类石、陶质的动物造型种类丰富、线条简练、逼真传神，如同置身于一个迷你动物乐园。且这些雕像毫无青涩生疏之感，形象成熟、技法高超，已经不是最原始的产物，必是具有娴熟技能的工匠方能为之。

他们是朴素的数学家。陶器的周身上，纹饰是平均分布的。在陶吧亲手做过陶器的人们都知道，能做到这点不容易。这表明他们在施纹之前就已根据器身的周长和纹饰的大小计算好纹饰的间距，然后在陶器上精心实施。等分圆周，表明他们已有朴素的数学（特别是几何）知识。

他们是初有小成的地质学家。他们用辉绿岩、辉长岩、

上宅的圈足钵和
器身上的纹饰

河卵石等坚硬岩石制作石斧、砍砸器、石磨盘、石磨棒等用于砸击、研磨的工具；用硬度高的燧石制作细石叶；用大理岩、白云岩等致密度高、结构均匀、有弹性的岩石制作石铲等需要通体磨光用于翻土的工具；用质料较软便于雕刻的黑色滑石制作动物造型。这说明他们具有一定的岩石分类知识。

他们是源于实践的化学家。骨梗石刃器上，燧石刃镶在骨质刀身的凹槽内。石刃与骨梗以一种类似化学黏合剂的物质连接，从而形成既能相对固定，又可方便替换的复合工具。

他们是巧妙的匠人。部分器物可看出明显的缀合修补痕迹，即在裂开的陶片上钻孔，便于"缝合"，这让人联想到流行于民间的"锔锅锔碗锔大缸"，办法如出一辙，古人的智慧，不容小觑。

填补空白的发现

著名历史地理、北京史学家侯仁之先生得知这一发现后兴奋不已，指出："京东平谷县新石器时代人类遗址的研究，大有可能与京西旧石器时代人类遗址（指房山周口店遗址）的研究，后先相继，东西辉映，从而为既是全国政治中心，又是全国文化中心的北京城的悠久历史，普增光彩。"

"上宅文化"是北京首支命名的考古学文化。上宅文化发现前，北京自距今 1 万年前的东胡林人至距今 5000 年前的雪山一期文化之间的历史是空缺的。上宅文化填补了这两个阶段之间人类活动历史的空白。它在北京历史和考古学上的地位，相当于中原的仰韶文化和南方的良渚文化。

　　1985 年，上宅遗址被列为县级文物保护单位。1989 年 9 月，金海湖畔建立起北京市第一座新石器时代文化陈列馆，也是我国第一座以考古学文化命名的陈列馆——上宅文化陈列馆。2001 年，上宅遗址（含北埝头遗址）被公布为北京市第六批市级文物保护单位。2019 年，上宅遗址被公布为全国重点文物保护单位。

上宅文化陈列馆

原载《大公报》2017 年 4 月 12 日

「钺」来「钺」好

——藁城和平谷的商代铁刃铜钺

石家庄市藁（gǎo）城区的发掘引起了世人的关注。藁城是一处古老的土地，它的历史至少在商代中期就开始了。

河北藁城和北京平谷，两者看似风马牛不相及，实则都在商代出现了灿烂的文明，一南一北，遥相呼应，共同发现了中国迄今最早的铁器——铁刃铜钺，谱写了京津冀协同发展的早期华章。

一、台西的商代文明独特多彩

台西遗址，位于藁城西 10 千米处。台西、庄合、故城、内族四村之间有 3 个高大的"台疙瘩"，当地人称为南台、西台和北台。

这里解放前就曾挖出不少青铜器，大都被地主豪强绅族勾结古董商转卖了，有一批流到美国，其中就有一件铁刃铜钺。只是因为这里出土的青铜器，都被称为"安阳造",因此一直没有引起有关方面的注意。

1965 年,村民在西台南侧取土时,发现成组的青铜礼器和一件长达 39 厘米的玉戈,以及铜鼎、铜匕首、铜矛、石磨等珍贵文物。台西遗址的面纱逐渐被揭开。7 年之后,在遗址中又发现了另一件珍贵的铁刃铜钺。

遗址中的房屋多为地面建筑,也有少数是半地穴式的。一座南北向 30 平方米的"两居室",南北全长 10 米,东西宽 3.8 米,中间隔墙将一房分为两室。墙壁也已经脱离了仰韶、龙山和商代前期使用"木骨泥墙"的阶段:下半部用夯土筑起,上半部用土坯砌垒,山墙上还留有风窗。在建筑过程中使用了人和三牲作为祭祀牺牲。另一座"大 House"平面呈曲尺形,由六个长方形单室组成:北房两室,西房四室。每室各开有门,室与室之间用夯土墙相隔。

墓葬均为长方形竖穴墓。规模一般长 2 米,宽 1 米。少数稍大的长在 3 米以上,宽度超过 1.5 米。大部分有棺无椁。近 10% 的墓葬有殉人。近三分之一的墓葬设有腰坑并殉狗。墓主人以仰身或侧身直肢葬居多。出土了 30 多枚植物种子,有桃、李、枣,特别是清热解毒的草木樨、通便的郁李仁、缓泻的大麻,是公元前 14 世纪的药材标本和中国早期的医药实物。

中国人喝酒的文化博大精深。台西遗址居然就有商代的酿酒作坊,还有一整套酿酒用器 46 件,包括煮粮食用的"将军盔"、陶鬲和灌酒用的漏斗及壶等盛酒器。瓮中捉"酒",大瓮中还残有 8.5 千克的酵母,专家推测这是一种类似黄酒的酒。

有的陶器上发现了刻划的文字,可辨识的有"止""刀""臣""矢"等。就字形与结构看,与商代陶文属同一系统。

在一座奴隶主墓中发现了一个精美奢华的漆盒，里面放有一件石镰。石镰本是劳动农具，但经过鉴定，这件石镰是一件割脓疮的手术刀，称为砭镰，是中国最早的手术器械之一。还发现了目前中国最早的平纹绉丝织物——縠。它证明公元前 14 世纪的先民，已经掌握了纺织绉丝的技术，是世界纺织史上的伟大创举。麻布是由经过人工脱胶处理的麻纤维合股纺织而成的，其纺织工艺水平与马王堆西汉墓中的麻布相当，却早了 1000 年，是目前世界上发现最早使用人工脱胶技术处理的麻纺织品。

铁刃铜钺虽然颜值不高，但就像许多绝顶高手往往其貌不扬一样，其实代表了当时最先进的科技水平。它长 11 厘米、阑宽 8.5 厘米。

台西遗址的商代
铁刃铜钺

上部有一穿孔，阑两面饰乳钉纹两排，六至八枚不等。铁刃残存部分，后段包入青铜器身内，根据 X 射线透视，包入部分约 1 厘米。

大多数人认为这件钺是陨铁加热锻打后嵌到铜钺体上的，也有人认为铁中含有碳的成分，应该是人工冶铁打造而成的，附近出土的铁矿石和经过冶铁的铁矿渣似乎也证明了这一点。虽然铁刃尚有"熟铁""生铁"的分歧，但对其是经过热变形锻打而成，则是公认的。

总之，这些发现说明，商朝石家庄地区的先民已经掌握了文字、冶铁、酿酒、医疗等各项技术，文明程度指数相当高。

二、刘家河的商代文物堪称瑰宝

无独有偶，又过了 7 年，北京平谷也发现了商代铁器。

1977 年夏，几位平谷刘家河村的农民来到故宫门口。他们并不是参观的观众，而是来找领导问要不要买文物。原来是他们在自家地中耕种时发现了一座古墓，里面有一些精美的文物。不了解《文物保护法》的农民不知道发现文物后要报告文物部门，而是认为有宝贝就可以卖钱，又不知卖给谁，于是找上了故宫。

根据这一线索，文物部门对这座墓葬进行了清理。地表下 0.3 米即见墓葬。古墓已被挖成东西宽约三米、南北长约两米的一个大坑。里面的青铜器已全部被取出，经过现场调查访问及进一步清理，判断该墓是南北方向，有二层台。青铜礼器出于南端的二层台上，金饰、玉饰、铜人面饰及铁刃铜钺等均出于墓葬底部。

墓中获得各类文物 40 多件，出土的金、铁、铜器堪称瑰宝，是迄今北京地区最为精美的商代文物，具有重要的历史、学术、科学、工艺价值。

刘家河的铁刃铜锇的外形与台西的相近，只是尺寸小些，也无纹饰，犹如"哥儿俩"。这两件铁刃铜锇是迄今中国最早用铁的证明之一，把我国用铁的历史上溯到距今 3500 年前。

经过当时的北京钢铁学院 X 光透视，铁刃包入铜锇下端根部残存 1 厘米，尚有少量铁质未氧化。铜锇柄含有夹渣、气泡，经放射性 X 光、荧光鉴定为铜锡合金。铁刃残部锈块有明显分层现象，光谱定性分析含有镍，未发现钴的谱线。锇身一面平，一面微凸，表明为单范铸。铸造过程是将铁镍合金的陨铁，锻造成两毫米左右的薄刃，再将薄刃与青铜浇铸成一体，在当时使用原始工具的条件下，充分显示出工匠的聪明才智。

之后又开展了进一步的分析化验，用 6 种方法对它进行了鉴定，即显微镜检、X 射线衍射分析、原子发射光谱分析、X 射线荧光谱分析、中子活化分析、电子探针微区分析。结果表明："刘家河铜锇铁刃锈块以铁为基体，含大量镍及罕见的钴、锗和镓等 22 种元素。""发射光谱和电子探针检出了铁刃中含锗，发射光谱和中子活化法检出了镓，这是陨铁组成中两个具有特征的元素，更进一步证明该铁刃是陨铁加工而成的。""电子探针首次在铁刃不同部位表面进行了微区分析，结果在 9 个部位测出镍含

刘家河商代的
铁刃铜锇与 X
光透视图片

量变化率高，铜含量变化率低，这是只有高镍偏聚、低镍层分布的陨铁（天体铁镍合金）在加热到高温后才具有的不同的形变性能。"

青铜礼器的造型与纹饰风格，具有明显商代中晚期的特点。鼎的形制、花纹，与郑州商城出土的鼎相近；弦纹鼎、鬲、甗及鸟柱龟鱼纹盘、盉等，形制与湖北盘龙城出土的器物基本相同；饕餮纹鼎具有郑州二里岗上层器物的特点；三羊罍与郑州白家庄所出铜罍相似；人面纹铜饰与安阳西北岗出土的人面纹铜饰相似。

与上述殷商青铜文化因素伴存的，还有若干属于北方草原地区的青铜时期考古学文化——夏家店下层文化的因素，如扁喇叭口式金臂钏和环钩形金耳环等。

考古学文化是指某一特定历史阶段内，有一定分布地域，具有相同的文化特征的一类古代遗存。夏家店下层文化因最初发现于内蒙古自治区赤峰市夏家店遗址而得名。

因该墓已被破坏，人骨无存，葬俗情况无从可知，故这两种金饰品在界定墓葬文化性质方面就具有格外突出的意义。装饰品的形式风格与佩戴部位是最能反映民族特性的，所以，中原殷商青铜礼器可能属于外来输入文化因素，而扁喇叭口式金臂钏和金耳环等看似少数的土著文化因素，才是真正体现其文化性质的本质的固有因素。

刘家河墓葬的年代和文化性质，目前学术界存在不同意见。有的认为属商代中期，有的认为应属夏家店下层文化遗存，有的认为这不是夏家店下层文化的遗存，而是肃慎、燕亳或附近其他方国的遗存。根据该墓所出青铜礼器的总体特征，推定其时代应在商代中晚期至晚期前段。从质量很高、工艺精致的金臂钏和金耳环，还有象征权力的铁刃铜钺，以及16件一套的成组青铜礼器分析，墓主人应为北方某方国的一位握有重权的贵族首领人物。

三、中国早期铁器的开端

藁城处于冀中平原，平谷处于燕山南麓。两者相距约 400 千米，但它们的青铜文化有很多相同的因素，又同时与中原商文化和北方民族文化有着密切的联系。而铁器的出现，标志着人类物质发展史上自石器、陶器、铜器之后，第四个时代——铁器时代的曙光出现了。

京津冀地区铁器的使用源远流长。《汉书·地理志》记载，汉武帝在全国四十九个重要的冶铁手工业地点设置了专管铁的"铁官"。今北京境有渔阳，河北境则有武安、夕阳(今滦县)、都乡(地点不明)、北平（今满城）、涿县等。从两件铁刃铜钺看，铁器的开发历史要比文献的记载早 1500 年。

《诗·公刘》："笃公刘，于豳斯馆，涉渭为乱。取厉取锻。"厉或作砺，锻或作碫。历来注疏对厉锻解释不同，但在与冶铁有关这点是一致的。平谷刘家河与藁城台西铁刃铜钺的发现绝非偶然，说明商时期对于铁的使用是与铜结合在一起的，表明京津冀是中国最早使用铁器的地区之一。

钺本是用于刑杀的工具，后来成为象征君权神授的神器。《逸周书·克殷解》记载，"先入，适王所，乃克射之……斩之以黄钺……斩之以玄钺……"晋孔晁注释玄钺为黑斧。《史记·周本记》引此文，集解："《司马法》曰：'夏执玄钺。'宋均曰：'玄钺用铁，不磨砺。'"是以玄钺为铁制的钺。两地发现的铁刃铜钺与上述记载基本吻合，实证了至少在公元前十四世纪，祖先已经将铁应用于制造兵器上了。

　　不过这两件铜钺上的铁，仅限于钺的刃部，表现出用铁技术还较原始。铁仅作为起砍割作用的刃部，尽管这种使用心理还很难揣摩，但古人显然注意到了它坚硬特质的金属性能。两件铁刃铜钺都是作为随葬品被发现的，说明了墓主人对其很在意，但数量较少，也说明当时铁器属于奢侈品。

　　藁城与平谷均处于商王朝中心统治区的北境，两件当时具有先进科技的铁刃铜钺的发现，对认识商文化内涵及分布具有重要意义，也说明京津冀地区在青铜时代的文化存在同一性，如著名考古学家苏秉琦、邹衡先生语，"存在密切的文化交流关系"。

原载《北京晚报》2021 年 1 月 22 日

三千余载 古都变迁——

北京古代城址的考古发现

2015 年是北京建城 3060 周年。这一时间是如何确定的？ 3000 余年来，古代北京城变迁的轨迹怎样？"丰台"一词从何而来？有什么变化？

房山琉璃河西周燕都

1962 年夏，北京大学历史系考古专业的邹衡先生等人在房山区刘李店、黄土坡、董家林村一带进行调查并试掘。他把出土的陶片仔细整理，认为燕国的始封地极有可能就在琉璃河。

此后，考古队在琉璃河遗址开展了长达数十年的考古发掘。1972 年，按照"以社会办工厂""开门办学"的宗旨，北京大学历史系考古专业 72 级的 40 多名本科生和北京市文物工作队组成的考古队，对琉璃河遗址进行了第一次正式大面积的发掘。

　　"文化大革命"前，大学一、二年级先打基础，三、四年级才进入实习阶段。但是受"文化大革命"中对大学进行"上、管、改"的思想影响，系里考虑让这些新学生对考古发掘有感性的认识，所以 1972 年 9 月 1 日开学后，仅仅上了两个月的课，新学生只学了旧石器时代考古知识的皮毛，就被送到琉璃河实践了。当时，有一部分同学住在黄土坡村的老乡家，另外一部分住在董家林村的大庙里（后为董家林村委会）。工作一开始，学生们"遍地开花"般地到处试掘，但大家都比较懵懂，只要邹衡先生下令在哪挖，就到哪破土。

　　考古队五六个人挤在一个大通铺上，白天发掘，晚上一般是自由活动。偶尔玩玩儿扑克牌消磨时间，赶上停电，每人发一根蜡烛，因此大家戏称"家大业大，一人一蜡"。到 1972 年底，邹衡先生已经不在现场指导了。留下这些人，开始没挖到什么有价值的东西，很多人都产生了抱怨情绪，于是每天晚上都牢骚满腹。

　　1973 年，考古人员南下洛阳，在时任洛阳市文化局局长蒋若是的帮助下，请到了洛阳瀍河区钻探水平最高的马武堂来到琉璃河，用洛阳铲对遗址进行全面钻探。截止到 1975 年冬，共钻探出西周时期的墓葬及车马坑 178 座。

　　1986 年 11 月下旬，黄土坡村 M1193 号大墓中出土的两件青铜器上发现了同为 43 字的铭文。文字的内容成为确定北京建城的直接依据。

　　铭文的大意是：周王说，太保，你用盟誓和清酒来供你的君王。我非常满意你的供享，令你的儿子"克"做燕国的君侯，管理和使用那里的人民。克到达燕地，接收了土地和管理机构，为了纪念此事做了这件宝贵的器物，并刻铭以记之。根据铭文，这两件青铜器被命名为"克罍"和"克盉"。从铭文中可以肯定的是：琉璃河遗址是西周燕国的始封地，也就是文献中的"燕"。

太保召公奭是周初三公（周公旦、召公奭、姜太公）之一。召公是中国古代著名的政治家，既巡行南国，又受命北疆，是当年北京地区的最高领导。他忠心耿耿，勇于担当，关心百姓疾苦，在甘棠树下处理政务，《诗经·召南·甘棠》记载了这一段佳话。全国以"甘棠"为名的地方已有一百多个。他勤政廉洁，敬德保民，对巩固西周北部边疆，捍卫西周政权，形成"成康之治"发挥了中流砥柱的作用。对于这座墓葬主人的身份，多数学者推断为召公奭的儿子燕侯克。

燕国建立之初，统治者在董家林村修筑了北京地区迄今最早的古城——西周燕国都城。

城址略呈长方形。因为南半部被河水冲毁，所以现存的形状呈

琉璃河城墙夯土

"门"字形。城墙的部分地段挖有基槽，大部分平地起筑，采用分段、分层夯筑的方法，分为主墙和内外护坡。主墙夯打坚实，模板夯筑的痕迹相当清晰。

城外有宽3米的护城河，东城墙的北端发现一条卵石铺就的排水沟，可以把城内的积水排到城外。

城中偏北有宫殿区。它的周围发现有水井、板瓦、筒瓦、水管等。宫殿区的西南是祭祀遗址，有的祭祀坑中葬有整头的牛或马，有的出有很多卜甲、卜骨。城内西北部为手工业作坊区和平民生活区，发现了陶模和陶范。

那么，西周燕都城建成于具体哪一年？这要轮到天文学大显身手了。据《史记》记载，周武王十一年灭纣，同年封召公奭于北燕。武王十一年是公历哪一年？

武王伐纣之年一直是学术界热衷讨论的问题，至少有四十多种不同的结论。西汉末年学者刘歆，晋代学者皇甫谧，近代学者唐兰、陈梦家，日本学者水野清一，美国学者倪德卫、夏含夷等都推算过武王伐纣的年代。

1976年，陕西临潼零口出土的利簋（一件青铜器）上的铭文记载，武王克商时天上有哈雷彗星出现，这是一个重要的依据。1910年哈雷彗星出现过，按照它76.1年出现一次的规律，南京紫金山天文台的专家从1910年倒推上去，到第40次是公元前1057年。再结合《尚书·召诰》《竹书纪年》等记载，专家们将公元前1045年定为武王克商，也就是燕都城的始封之年。

后来，"夏商周断代工程"根据天文推算、文献、金文历等综合研究，确定公元前1046年为武王克商年。

以公元前 1045 年计算，至 2015 年为北京建城 3060 年。

战国至西晋的蓟城

战国时期，北京地区是当时七雄之一的燕国所在地，名为蓟城。据郦道元的《水经注》载，蓟城之名得于蓟丘。有些专家认为今广安门白云观西墙外有一高丘名为"蓟丘"，即古蓟城址。在附近地面上捡到过一些战国时代的陶片。20 世纪 50 年代在蓟丘以南不到 4 千米处，发现了大批燕式瓦当（宫殿建筑上的构件），在宣武门至和平门发现了密集的水井，等等。所以推测蓟城应在宣武门至和平门一带。但由于这一地区自战国两汉至今一直是城市建设的中心地区，历代建设把早期遗址彻底破坏了，留存的考古线索很少，所以还需要多一些依据。

除了蓟城外，北京还发现了窦店、长沟、蔡庄等古城址。它们主要用于军事防御和对外扩张。

秦代的蓟城承袭战国，其位置仍在北京城西南。根据考古资料，当时蓟城的南城墙，应在今法源寺以北，北墙应在长安街以南。但也需要更多的资料。

西、东汉代除蓟城外，还发现有广阳、博陆城等小城址 20 余座。

1965 年，北京西郊八宝山以西约 500 米，发现西晋王浚妻华芳墓。据墓志记载，华芳因为赶上饥荒，没能回到南方老家，只能"假葬于燕国蓟城西二十里"。以墓中出土的一把骨尺折算，晋代 20 里就是 8712 米。由此可断定西晋蓟城的西城墙就在今天会城门附近。

唐幽州城

　　唐代的北京城名为"幽州"，是北方的军事重镇。幽州城的规模，据《太平寰宇记》引《郡国志》载："蓟城南北九里，东西七里，开十门。"城周长 32 里，约合今 23 里（每唐里约合今 0.72 里），呈长方形。城的四至史书缺载，根据新中国成立后出土的唐墓志及房山石经山的唐代石经题记等，大致可以断定东城垣在今西城区烂缦胡同与法源寺之间的南北一线；西城垣在白云观西土城台至小红庙村之南北一线；北城垣在白云观至头发胡同一线；南城垣在今姚家井以北的里仁街东西一线。

　　幽州城的位置与北魏蓟城的位置基本一致。城内西南设有子城、坊、市。

辽南京城

　　938 年，辽太宗在唐幽州城的基础上兴建土木，定为"南京幽都府"。

　　1012 年，辽圣宗改为"析津府"，设辽南京。南京是辽五京中最大的城。其北城墙在白云观北侧东西一线；南城墙在白纸坊东、西街一线；东城墙在烂缦胡同与法源寺之间；西城墙在会城门至莲花河东岸。

　　南京（燕京）虽称为"京"，但在它属辽的 187 年中，只有保大二年（1122 年），燕王耶律淳、秦王耶律定在这里当了 10 个月的皇帝。所以说不上是辽国真正的国都，也只能算政治军事重镇。但就像正剧之前的"开锣戏"一样，开启了北京作为"皇都"的辉煌进程。

《辽史·地理志》载南京"城方三十六里，崇三丈，衡广一丈五尺"。有八座城门，"皇城"在西南隅，有居民住的 26 坊，城北设市。城市的人口达 30 万，除汉族外，从"肃慎""罽宾"等坊名可以看出还有来自东北、西域的少数民族。

"皇城"的东北隅建有燕角楼——其位置几乎正当辽南京的城市中心，是城中最重要的地标之一。明代其地仍称"燕角"。现在西城区有南线阁、北线阁等地名，有学者认为"线阁"即为"燕角"之讹误。南线阁以东的老君台旧时地势甚高，有人以为其即旧时"燕角楼"遗址。

金中都

金代海陵王完颜亮于天德三年 (1151 年) 颁布《议迁都燕京诏》，在辽南京城的基础上扩建新城，派张浩、苏保衡等进行营建。因主建燕京城之殊功，张浩连升三级，一时风光之极。

这座城将辽南京城东、西、南三面城墙各向外扩展三里，面积是旧辽南京城的两倍半还有余。北城墙沿袭辽南京城的北城墙未变，长 4900 米；东城墙在今陶然亭南北一线，长 4510 米；南城墙在今右安门外凉水河以北一线，长 4750 米；西城墙在今丰台区高楼村南北一线，长 4530 米。城墙周长共 18690 米，全部为夯土版筑而成。

贞元元年 (1153 年) 3 月，完颜亮下诏迁都，改辽南京为中都。从此北京正式成为统治半个中国的政治中心，当上了国家的首都，并被后世大一统的元、明、清三朝沿袭。可惜这座宏伟的城市仅存

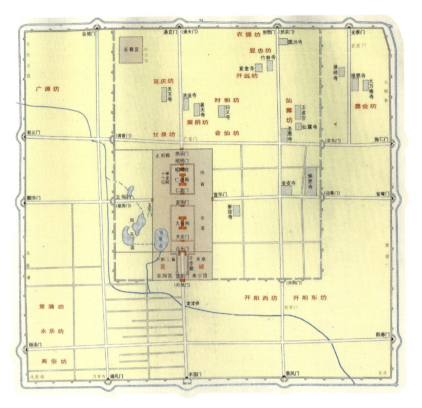

金中都的城市布局

62 年便被蒙古军队放火烧毁。

　　1950 年，在广安门外申州馆以南还可以见到很多金中都遗迹。广安门外蝎子门又称蝎子口，它是当年贯穿东西的土城口，东对白纸坊街，直通城东南的施仁门。据考证，这里就是中都西墙南面的彰义门。1958 年时，蝎子门高 6 米、基底宽近 1.85 米、门口宽近 30 米。蝎子门外北面是湾子村，村西南是莲花池，在这里曾发现花纹精美的金代莲花瓣状石柱头，可能是池畔建筑物的饰件。

　　金中都由外城、皇城、宫城三重城垣相套组成。但经过 800 多年的风雨侵蚀，只有三段城墙保留，依稀诉说着当年的辉煌与壮观。

凤凰嘴城墙遗址

最大南墙是丰台区凤凰嘴村的西南角城墙,东西长 20 米,高约 3 米;一处位于丰台区原水产公司仓库院内,西距凤凰嘴约 20 米;还有一处仅长几米,位于高楼村,是西墙的残存夯土。

外城全长 37 千米,开有城门 13 座。建中都时,这些门,受汉族文化影响很深。外城的东、西、南、北各有一座城门,名为施仁、彰义、端礼、崇智,符合儒家思想仁、义、礼、智之意。另有 2 座城门名为丽泽门和会城门。"丽泽""会城"的地名也一直流传至今。南面的丰宜门为整个城市的正门,因门外有拜郊台,所以至今留有"丰台"的地名,今天的丰益桥的名字也是借鉴于此。

皇城基本位于外城的中央略偏西,在现在的广安门以南,为长方形小城。周长 9 里 30 步。开有 4 门。

宣阳门内"御道"两旁,从宣阳门直至宫城正门应天门之间,为东西并列的"千步廊",各有 200 余间房,屋顶覆以青琉璃瓦。千步廊两侧各有偏门,东通球场、衍庆宫(太庙),西连尚书省、六部。气势宏大的布局使得宫城前面的宫廷广场法度严谨,纵深感大大加强,烘托出宫城的庄严气氛。这种规划模式也被后世的元大都、明北京城所继承。

皇城的中央为宫城。宫城的布局分为中、东、西三路,主要宫殿在中路。宫城是完颜亮仿照汴京(今开封)营建的。为此他特意派工匠将汴京的宫城绘制下来交给张浩,让他按图修建,并且从汴京征集了大量能工巧匠,还将汴京宫殿中的可用部件都拆了下来,运至中都。宋代人范成大在其出使金国日记《揽辔录》中描述:"遥望前后殿屋,崛起处甚多,制度不经,宫阙壮丽,工巧无遗力,所谓穷奢极侈者。"

中都城内的大街基本上与各城门相对应。如光泰门街,相当于今宣武门内大街南段及宣武门外大街。还有两条贯通全城的东西、南北向大街,即东起施仁门、西到彰义门的大街,相当于今骡马市大街、广安门内大街;南起景风门、北到崇智门的大街,相当于今右安门内外大街、牛街一线。

城内的居民区称为坊。中都内共有 62 坊,比辽南京多 36 坊,坊名如北卢龙坊、棠阴坊等,仍沿袭辽南京的旧称。

为适应城市的商业发展,中都的北城、南城都设有规模较大的综合市场,还有马市、蒸饼市、柴市以及穷人出卖劳动力的穷汉市。中都还设有转运使司,用于征收商税。金世宗时中都年税达 160 多万贯,是政府财政的重要收入。

金朝把原在西郊一条名叫洗马沟的小河,有计划地圈入中都内,

流经皇城的西部，营建成西苑
（又称鱼藻池、同乐园或太液
池）。金代大诗人赵秉文写有《同
乐园二首》："春归空苑不成妍，
柳影毵毵水底天。过却清明游
客少，晚风吹动钓鱼船。""石
作垣墙竹映门，水回山复几桃
源，毛飘水面知鹅栅，角出墙
头认鹿园。"

"西厢工程"
出土的铜辟邪

　　1992 年，考古人员对鱼藻
池及其湖心岛遗址进行了发掘。
800 多年过去了，这里已成为西城区白纸坊的青年湖。发掘清理出
一些金代的河堤岸。侯仁之先生撰写了《金中都鱼藻池遗址简介》，
于 1993 年 10 月 1 日立于青年湖。

　　1990 年的"西厢工程"北起西便门，南至菜户营，南北纵贯金
中都宫城的中轴线。市文物局向市政府写紧急报告，得到市领导的
重视。经过 5 个月的勘探，在鸭子桥南里 3 号楼前和滨河路 31 号楼
前发现了大面积的建筑基础夯土。参照文献记载，前者应是应天门
（相当于故宫的午门），后者很有可能是金中都大安殿（相当于故
宫的太和殿）。两者间的白纸坊西大街与滨河西路交叉路口发现的
夯土区应为大安门。宫殿区还出土了铜辟邪（座龙）、陶质大鸱吻、
铜镜等珍贵文物。

　　侯仁之先生写了《北京建都记》，于 2002 年 7 月 30 日立于广
安门外滨河公园南部，写明"刊石于金中都大安殿故址之前"。

金中都水关遗址

1990 年 10 月，北京市园林局在右安门外的玉林小区施工时，在四米深的地下，发现一些排列整齐的石板和木桩。一位具有文物意识的园林局职工向文物部门反映了这一情况。考古人员到现场后，确定这是一处水涵洞，也被称为水关，就是穿城墙下，供河水进出的水道建筑。考古发掘后，水关遗址被全部揭露出来了。

水关遗址位于凉水河北岸，这个位置是金中都景风门西侧的城垣下。它表明，金中都的水系，源于西湖（今莲花池），流经鱼藻池（今青年湖），再流过龙津桥，之后折向东南，经过水关出城流入凉水河。

辽金城垣博物馆于 1995 年 5 月 1 日正式开馆。和房山西周燕都遗址博物馆一样，两座博物馆都是在北京城市发展史上具有标志意义的遗址博物馆，到今年也正好建立 20 周年。

元大都

元太祖十年（1215 年），蒙古兵攻破金中都。为保卫中都，金人曾主动拆毁城内桥梁，取瓦石以作攻敌之器；又曾大量焚毁城内街道两旁民房，用以阻拦蒙古军的进攻；还曾拆毁皇城内寝宫殿，取木材以供城内军民炊煮之燃薪。围城期间，连发的强烈地震造成地裂，涌出的天然气引发中都城内大火，"延烧万余家，火五日不绝"。中统二年（1261 年），创下不世战功的元世祖忽必烈初到金中都旧城时，由于没有宫殿，只能住在当时的远郊区，现在的市中心北海太宁（亦称大宁、万宁、孝宁等名）离宫。

至元四年（1267 年），忽必烈令大臣刘秉忠在金中都东北方主持营建新都城，并将其命名为"大都"（蒙古语为"汗八里"，即大汗之城）。太宁宫被规划为新城设计的中心。

元大都是在空阔的平地上规划兴建的，设计成外城、皇城、宫城三重城垣相套的传统形制。在平面布局上采用了中国传统的"前朝后寝，左祖右社"的原则。它"城方六十里，门十一座"。平面略作长方形。

元大都城经过周密规划，在今鼓楼以北设立了"中心阁"。在全城中心设立明确的标志，在我国城市建筑史上是一大创举。全城的街道纵横交错，有如棋盘。

大都的城墙用夯土筑成，墙体略有收分。城墙四角建有角楼，今建国门外南侧的古观象台，就是元大都东南角楼旧址。

北面城墙在现在德胜门外祁家豁子一带，并向东西两侧延伸。蓟门里学院路一带仍保留有土丘遗迹，俗称"土城"。东西两面城墙的南段与明、清北京城的东西城墙是重合的。

1969 年 5 月，拆除西直门箭楼时，明代的城墙内赫然出现了元大都和义门的瓮城城门。城门设置有防御火攻装置：城楼中心西壁台阶下并列两个水窝，每个水窝由五个水眼的石算子构成，下面是

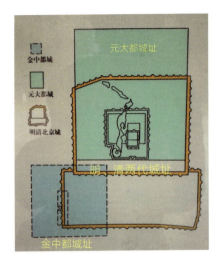

金元明清城址的变迁

元大都的和义门瓮城

砖砌的水池。池外砌有流水沟，水经沟分三孔可达木质城门额上。这是我国建筑史上首次发现的防火实例。城门洞用砖券砌筑，比明代城门洞矮小，所用砖料是一种薄型小砖。

元至正十八年（1358 年）三月，一支由毛贵率领的红巾军，从山东进入河北，直逼大都近郊。风雨飘摇中的元朝统治者赶忙加强大都的防御。这支农民起义军，在离大都 100 余里的柳林地区，遭到元军偷袭，只能返回山东。但是，吓破胆的元朝统治者害怕起义军再次进攻，于至正十九年十月初一日（1359 年 10 月 22 日），下令大都的城门都要加筑瓮城，造吊桥，所以《元史·顺帝本纪八》中留下了"京师十一门皆筑瓮城、造吊桥"的记载。但这项匆匆上马的工程仅用了一年多时间就全部建成。从和义门瓮城的发现来看，当年工程质量极差，堪比现在的豆腐渣工程，甚至连地基都没有做。这从一个侧面证明了瓮城的建造有多么仓促。

明清北京城

明永乐四年（1406 年），明成祖朱棣"诏建北京宫殿"，于 1420 年建成。重建的北京城，依然采用了元大都大城、皇城、宫城相套的格局。皇城四门，内城九门。"四九城"的名称也最先来源于此。壮美的中轴线是整座城市的脊梁。北边军扰，边警日急。嘉靖朝又加筑了外城，呈"凸"字形。

庄严的宫殿，秀美的御苑，严密的城门，典雅的角楼，深邃的寺庙，整齐的胡同，栉比的四合院……都集中体现了明帝都北京城的总体设计思想和建筑工艺的精髓。

清代北京城的建设是以明北京城为基础的。清政府对城市进行了一些改造和扩建，增建了一些王府和胡同。这也就形成了现在北京老城（二环路以内范围）的基本风貌。

原载《北京青年报》2015 年 5 月 11 日

克侯于匽 作宝尊彝——
西周琉璃河燕都遗址

作为城市的北京与"燕"有着千丝万缕的联系：燕京是北京古代的称谓，燕山雄踞北部，燕京啤酒驰誉内外，奥运会的吉祥物之一妮妮是一只北京雨燕……那么，北京为何与"燕"有着不解之缘？最早又是什么时候与"燕"联系在一起的呢？

筚路蓝缕启山林

《史记》记载，西周初年周武王灭商，封召公奭于一个名为北燕的所在。这是文献中见到"燕"的最早记载，但这个北燕在什么地方却是一个在考古学没有诞生之前无法解决的问题。清朝末年，河北涞水张家洼出土了一批邶国的铜器，大学者王国维曾以为邶即是北燕。著名历史学家傅斯年认为北燕在河南偃城，顾颉刚先生十分推崇这一观点，认为"其说出后，世无异论"。周谷城先生则主张在天津蓟县。而另一位史学大家陈梦家在他的《西周铜器断代》中干脆作出了"西周时代燕国的都邑所在不易考定"的结论。

1945 年抗日战争胜利后，房山的琉璃河水泥厂要恢复生产，便向北平中国银行请求贷款。在中国银行服务的吴良才（曾发掘山东龙山城子崖遗址的著名考古学家吴金鼎的兄弟）为与厂方商谈贷款事宜，途中路过董家林村一带时，看到地面有不少陶片，觉得这些陶片不同寻常，回到城中找到当时在北平研究院史学研究所工作的苏秉琦先生。苏先生看过之后，认为很有价值。但当时政局混乱，没有条件去考古。

吴良才对考古有着浓厚的兴趣，并由兴趣转化为爱护历史文物的自觉行动。多年之后，苏秉琦先生在回忆这件事时必定要说：如果没有吴先生的发现，也就不会有几十年后琉璃河遗址的发掘。

从 20 世纪 60 年代起，琉璃河遗址由多家单位进行了多次考古发掘，发现了西周时期的城址、墓葬、宫殿居址等。

1964 年，黄土坡生产大队的社员挖菜窖时发现了两件完整有铭铜器。一件是鼎，上面有铭文"叔乍宝尊彝"；另一件是爵，上面有铭文"父癸"。但他并不认识，误以为是香炉，就拿到琉璃厂去卖，结果被文物部门发现，请来公安部门协助，交给了国家。"只给了 1 元车票钱！"这件事在村里一时传为笑话。因为这次经历，社员施友成了村里第一名义务文保员。直到 2012 年，北京建城 3057 年的时候，80 多岁的施友老先生还被请回来，讲述当时的发现过程。由于完整的青铜器一般出自墓葬，根据这一线索，考古人员预感到这个地方一定会有墓葬区。

　　预感变成了现实。1973 年对黄土坡墓地的发掘，是北京地区第一次科学发掘西周墓地。出土的多件铜器铭文提到"匽侯"，对于确认遗址的性质起了决定性的作用。

　　1972 年，董家林村平整土地时，在村东北隅发现车马坑痕迹。推土机已经把马头、马骨架推出来了。现场负责人邹衡先生让人赶快停下来，但没有效果，他立即回学校向其单位北京大学的负责人、8341 部队的副政委汇报了情况。副政委很快向国务院做了汇报。第二天国务院农林口负责人带着几位部长来到琉璃河，问邹先生意见。邹先生表示这样重要的遗址当然应当保存。负责人经过深思熟虑后表态：中国这么大，保留这么三千多平方米的地方完全可以（实际上是 3000 米×1500 米）。他命令推土机开走，遗址这才幸免于难。但这件事也让邹衡后来受到了冲击，说他欺骗了中央首长。

　　发掘的工人是刘李店、董家林两村大队派来的，日工资为 1.8 元，以记工分的形式交大队 1.2 元，工人自己只能得到 0.6 元。但即使是这点微薄的收入，要求参加的人仍络绎不绝。董家林大队不得不采取轮换的办法，工人们几天就换一次。为了让大队书记安排工人时给考古队提供精兵强将，考古队长晚上还经常去书记家里输上几盘麻将。

　　1974 年第 5 期的《考古》上，《北京附近发现的西周奴隶殉葬墓》这样写道："这次报道的七座西周墓中，有六座殉葬了奴隶，共殉八人，是现已发掘的西周墓地中发现人殉较多的一批。而八个殉葬的奴隶，除一个是年约十七岁的女性青年外，其余都是尚未成年的少年。可见西周奴隶社会阶级压迫如此残酷的血腥史实。"

　　20 世纪 80 年代初，日本电视剧《姿三四郎》风靡一时。考古队有一台电视机，每天收工后都吸引大量的工人前来观看。所以，能优先看电视也是很多村民强烈要求加入考古队的重要原因。第二天发掘时，工人们往往一边兴奋地议论着昨天的剧情一边干活，不知道有多少件文物是被哼着《姿三四郎》清理出来的。

在北京考古史上，琉璃河遗址发掘次数之多、时间之长，仅次于周口店。

峰回路转重器出

1986 年 11 月 29 日，收工的前一天，当 M1193 号大墓发掘到底部时，严寒的冬天来临了，天空开始飘起雪花，即将封冻。为了赶在封冻前将墓葬清理完毕，考古人员加快了速度。不过当看到直径三米多的盗洞直达椁室时，大家的心都凉了。因为盗墓者进入墓椁后，重要的随葬品是极少幸免的。实际上，墓室内的大多数随葬品也已被盗墓者掠走。但是由于这座墓葬规模大，发掘人员还是执意进行到底。

像很多重要发现都是在最后关头出现一样，突然，负责墓底清理的工作人员眼前一亮，意外地从墓坑东南部的浑浊泥水中发现了两件完整的青铜器——罍和盉。这个发现使大家忘记了天上飘下的雪花和脚下冰冷的冻土所带来的寒意，仿佛春暖花开。他们倍感兴奋，欢呼雀跃。

两个月后，除去表面锈痕的两件器物面目焕然一新并立即名声大振，被列为国宝级文物。其原因就是它们的铭文讲述了迄今发现的"燕"国最早的由来——根据铭文，这两件青铜器被命名为"克罍"

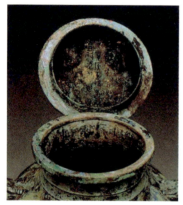

克罍和铭文

和"克盉"。

北京建城有滥觞

先看克罍。它为弇口，平沿，方唇，短颈，圆肩，鼓腹有圈足。器盖上有圆形捉手，颈部有凸弦纹两周，肩部有兽首状半环形双耳衔环，上腹部有凹槽一周，下腹部有一兽首形鼻。器盖和肩部分别有对称的圆涡纹4个和6个。盖内和器沿内壁有相同的铭文43字，以罍盖为例：

"王曰太保：'隹乃明，乃鬯享于乃辟。余大对乃享，令克侯于匽，旃、羌、马、叡、雩、驭、微、克、审匽入土眔厥司。'用作宝障彝。"

此器口径14厘米、底径14厘米、双耳间距27.2厘米、通高32.7厘米。

克盉为侈口，方唇，前有流后有鋬，鼓腹，略分裆，裆底近平，上有半环形钮，下有四条圆柱足。钮的两端各有一对凸出的双目和角组成兽面，钮和鋬之间有环链连接。

克罍器盖及腹部

盖和颈部各饰四组鸟纹，鋬作兽首状，有双目双角。盖内和器壁内侧有相同的铭文，内容与克罍铭相同。此器口径宽 14 厘米，通高 26 厘米。

这两件铜礼器的形态特点为：罍为小口，短颈，圆肩，圈足较矮，以弦纹、圆涡纹为装饰；盉体圆鼓，分裆不甚明显，鸟纹的长尾不分段。从这些特点来看，它们属于西周早期。

两器的铭文内容相同，只是行款稍有差异。铭文中的"令克侯于匽"被认为是解决遗址性质的关键。

对于墓主人的身份，学术界主要有五种观点。多数学者认为"克"为燕侯的名字，将其推断为燕侯克。

如按这种理解，铭文的大意可以翻译为：周王说，太保，你用盟誓和清酒来供你的君王。我非常满意你的供享，令你的儿子克做

克盉和铭文

燕国的君侯，管理和使用那里的人民。克到达燕地，接收了土地和管理机构。为了纪念此事，他制作了宝贵的器物，并刻铭以记之。

　　不论墓主人是谁，从铭文字里行间可以肯定的是：琉璃河为西周燕国的始封地。因此，这项发现可以证实北京建立城市的历史至迟始于西周初年。此后，城市这项"人类走出洞穴后最伟大的文化创意"也选择了北京小平原。从汉蓟城到魏晋隋唐的幽州城，从辽南京到金中都，从元大都至明清北京城再到近代的北平，几度作为京畿重地。北京城市的躯体中流淌着三千多年的文脉。

原载《大公报》2016 年 8 月 31 日

克盉器盖及腹部

「牛头罍」见证北京三千年建城史

房山琉璃河遗址出土的西周伯矩鬲，又名"牛头鬲"，是首都博物馆的镇馆之宝之一，曾被国家文物局列入禁止出境展览文物目录。

它发现在 1975 年发掘的琉璃河燕国墓地 251 号墓中。墓葬的上部当时已被破坏，仅挖了 30 厘米厚的表土层，就露出了墓口。这座中型贵族墓中，伯矩鬲和其他主要随葬的陶器、铜器一起被放置在北面二层台上。

鬲的足、身、盖、钮皆用牛头作纹饰。器钮用两个立体雕刻的小牛头做成。器盖则用两个高浮雕的牛头装饰，极尽夸张，类似实际的水牛角，角根横向，使器盖的中部自然下陷，整个器盖形成一个完整和谐的整体。

鬲的口部较大，那朝天的饕餮大口，似乎在向每个看它的人传递着"民以食为天！"颈部饰六条短扉棱，扉棱间饰以夔纹（一种龙纹）。三个袋足上，各雕一个完整牛头，牛吻部内收而额头前倾，作斗牛状。两只粗壮的角向斜上方翘起，与相邻的牛角两两相对，两只如铜铃般的巨目，浑圆的瞳孔，给整件器物增添了威严的气氛。全器有七个牛头装饰，显得牛气十足。

西周的伯矩鬲

　　商周的青铜器中，牛头纹饰较为普遍。人们对其喜爱，除了因为牛在畜牧业中占有重要的地位，是人们肉食、耕作和交通的主要来源之外，更重要的是，牛在占卜和祭祀中十分重要。商人占卜，多用牛肩胛骨，与人们认为牛有特殊的神力有关。牛牲在祭祀天地山川祖先和鬼神中不可缺少，即所谓的"太牢"。

伯矩鬲全形拓片

　　鬲在古代一般是煮粥或煮肉的锅。这件鬲是做什么用的？它自带了一张"说明书"。鬲的盖内及颈内壁各铸有相同的阴文铭文："才（在）戊辰，匽（燕）侯赐伯矩贝，用作父戊尊彝。"盖内 4 行 15 字、颈内壁 5 行 15 字，属于器盖对铭的形式。铭文释义为在某年某月戊辰这天，燕侯赏赐给了贵族伯矩一笔贝币，伯矩用它铸造了这件青铜鬲，以此表示

伯矩鬲器盖拓片

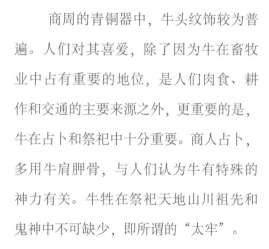

伯矩鬲铭文拓片

对其父亲的纪念。根据这一铭文，这件鬲被命名为"伯矩鬲"。

"伯"是表示排行，如"伯""叔"等，"矩"是私名。伯矩的父亲名作戊，这是一个商代人名，表明伯矩家族的先人应是商人。周灭商后，对旧遗势力采取怀柔安抚政策，从而利用这些商人贵族的势力来加强燕国的统治。

铭文布局不规整，竖成列而横不成行。字形大小不均匀，书写气势较为豪放。笔画较浑厚、凝重，有的笔画中间粗肥，首尾出锋，笔捺有明显的波磔。

伯矩鬲通高 33.5 厘米、口径 34 厘米、重 7.5 千克。它形制宏壮，纹饰制作工细，造型特殊的高浮雕风格，在艺术设计和铸造工艺上，都有独到之处，无疑是西周早期青铜器中的珍品。

据《史记》记载，周武王伐纣后，封文王庶子召公奭于燕，为

伯矩鬲首饰盒

伯矩鬲钥匙圈

伯矩鬲牛头手机链

"燕国达人"手机壳

第一代燕侯，成为西周北方最重要的诸侯之一。小小青铜器，证实了西周初年燕国的封地位于琉璃河的大历史。

伯矩制作的青铜器，除了这件鬲外，还有鼎、簋、盘等，目前已知有10余件。除琉璃河外，在辽宁喀左也有发现。伯矩鬲是"伯矩"系列青铜器中铭文最长的。留下这么多青铜重器，伯矩的身份重要性不难想象，在燕国的地位极为显赫。从伯矩制作的另一件青铜器"伯矩鼎"的铭文推断，伯矩负责迎接周王的使者，算是长袖善舞的外交家。

伯矩鬲奇特的造型，令人啧啧称奇，成为自带流量的"大IP"。人们以它的元素为基础，开发设计出许多文创产品，如首饰盒、钥匙

伯矩鬲牛头手链

圈、手机链、项链、手链等，甚至还有雪糕！还有主打人性化的"燕国达人"卡通形象，把牛角和牛耳的文化元素转化为角色的形象属性，设计出了冰箱贴、充电宝、手机壳、帆布袋等，为古老元素赋予新生。

原载《北京日报》2021 年 3 月 21 日

古族远逝曾为强

——军都山春秋墓地

著名学者王国维先生曾提出"二重证据法"，意指传世文献资料和出土考古材料相结合研究历史的方法。北京考古史上，军都山春秋墓地的横空出世有着重要的一笔，因为它就是这种研究方法的具体体现。

记忆之匣

《史记·匈奴列传》中记载了春秋时期北京北部曾经存在的一个古老部落名曰山戎，"燕山有东胡、山戎，各分散居谿谷，自有君长，往往而聚者百有余戎，然莫能相一。"山戎人"以射猎禽兽为生"，"随畜牧而转移"，"逐水草而迁徙"，"常为燕、齐之边患"。

山戎，这个游牧民族的名字可谓如雷贯耳，在它没有被燕、齐铁器文明征服、同化与融合以前，作为一支曾经强大的少数民族在历史上存在有数百年之久。

　　山戎族是否真的存在？如果存在,它又以怎样的形式遗留下来？因为"无文书,以语言为约束",世人对山戎的印象止步于文献。

　　1965 年 7 月,北京延庆县大柏老公社古城村西北约 1 千米的小山坡上,农民在种地时发现古墓 1 座。两名农民将墓中发现的部分金饰品和青铜器物,拿到银行变卖。后经文物部门追查,回收上来有青铜短剑、铜马器、金器等 16 件文物。这些文物都具有强烈的北方少数民族风格。

　　从此之后,在延庆境内陆续 10 余次征集到以直刃匕首式青铜短剑为代表的遗物。完整的器物及组合,暗示着它们来源于墓葬。它们出土的地点,都集中在延庆县北境军都山沿线。层出不穷又风格鲜明的春秋青铜器,它们的主人是谁？这引起了考古人员的注意。

　　他们怀疑青铜器的连续出土不是偶然的,而是隐藏着一段消失的历史。查阅史籍资料后,他们认为延庆北部山区就是《史记》中春秋时期山戎族的活动地区,这些青铜器就是山戎族的遗留。

　　若要验证这一假设,就需要考古材料的证明。

　　1985 年 7 月,怀着一定要揭示这一历史悬谜的目标与信心,考古工作者对北京北部的延庆县,河北张家口地区,承德地区特别是滦平县,乃至整个冀北山地进行了一次考古调查。

　　从此,山戎文化的探索与研究,在北京地区拉开了帷幕。找到山戎的考古学遗存,成为考古队的学术梦想和追求。

　　调查找到了十多处遗址,考古人员从中选择了延庆县的玉皇庙等三处遗址进行重点发掘。

玉皇庙墓地全景

神秘古族

玉皇庙遗址发掘之初并不顺利，考古队员们向下挖了1—2米深后并没有找到墓葬的痕迹，一些人由兴奋变成了沮丧，甚至怀疑。而考古人员坚信，文物在这里发现，墓地也应该就在此地！将这种学术信念转化为坚持，不懈地下挖后，终于，在沙石、河卵石下面找到了一大片墓地，有400余座墓葬，时代正属春秋时期！

但这些墓葬是不是山戎族的？考古人员发现，墓葬的方向是东西向，而且都有殉牲，这和之前的预想是一样的。这两点都是少数民族的葬俗，所以墓葬的主人是山戎族。考古队员们仰天长啸，把自己扔在地上久久不起，胸中的块垒一扫而空。

事后方知，在战国晚期，山上的泥石流冲下来把墓地掩埋了，覆盖了三四米厚。祸兮福兮，也要感谢泥石流，墓地才得以完好保存，后来没有被盗。首战告捷后，考古队乘胜追击。在葫芦沟和西梁垅又找到了200座古墓。三处墓地共出土各类大小文物6万余件，文物特色鲜明，反映出山戎民族便于鞍马的游牧性和机动性的生活特点。

玉皇庙墓地有25000平方米。当它完好地呈现在世人面前时，大家都被这种葬俗、葬式的整齐划一、绝对一致震撼了。纪律严格，观念统一，军事化色彩相当严重，集体主义至上，散发着强大的气场，这绝不是一个散漫温和的部落。学术界以玉皇庙墓地为代表，把这种以"直刃匕首式青铜短剑"为主要内涵的文化命名为"玉皇庙文化"。

墓地的出世，证明了考古人员的假设，也反映了北京自古就是一个多民族融合的地区。

山戎族是历史上的一支强势民族。它南临燕国、东近齐国、西接赵国，时常长驱直入燕国、齐国、赵国的边区进行掳掠和骚扰，抢完就跑，成为三个诸侯国的世代边患，而其中尤以"病燕"为甚。古代文献中"山戎越燕伐齐""山戎病燕"等记载屡见不鲜。山戎势力的发展，对燕国是个很大的威胁。

于是，燕桓侯（公元前697年—公元前691年）不得不将都城迁到河北的临易（今河北省雄县）西北，燕国的权力中心逐步向南迁移，且国力日衰。燕庄公二十七年（周惠王十三年，公元前664年），山戎再次侵燕，燕国向齐国告急。齐桓公关键时刻出手，率"齐人伐山戎"，于是乎挥师北伐救燕，大败山戎部族，方解除了山戎对燕国北部地区的威胁。

考古学的研究勾勒了2500多年前一个民族逝去的背影。

第一，目前没有发现城址并罕见生活居住遗址，因为山戎族是游牧民族，放牲口随季节迁徙。所以在一个地方住的时间很短，居住遗迹很少。

第二，墓葬集中分布，墓地经过规划。墓地选址在向阳的山坡下。这大概与彼时山洪特别频繁，古人怕自己墓地被水冲淹有关。

第三，罕见的葬俗。1/4 的墓葬中陪葬有马、羊、牛、狗等家畜作为殉牲。殉牲的方式是将牲畜杀死后，只取头和腿，把牲腿放在下面，牲头放在上面，放于墓葬的东端，作为象征的祭祀。男性享有殉牲的规格和数量均高于女性。这可能是将其视为财富与社会身份的象征，也从侧面反映出家畜的饲养已有一定数量。《史记·匈奴列传》云："唐虞以上有山戎、猃狁、荤粥，居于北蛮，随畜牧而转移。其畜之所多则马、牛、羊，其奇畜则橐驼、驴、骡、**𫘣𫘤**、**駃騠**、**騊駼**。"例如 250 号墓，殉有马头骨 7 个，马腿骨 10 条，旁边还摆有牛、羊、狗三类家畜的骨骸。

山戎人还有覆面的葬俗，表明原始宗教观念的形成。有 20% 的墓主面部遗有一至三枚背面带穿鼻的小铜扣，穿鼻里有多股麻线，其中不少铜扣的背面还粘附一层麻布痕。据此推测，死者脸上原来应有麻布一类的纺织品覆面，其目的在于祈望死者灵魂安息，以保氏族后代平安无恙。

第四，特殊的人种。体质人类学家对六百座山戎墓葬的人骨进行了

250 号墓葬的殉牲

研究，结果是这些人骨都属于东亚蒙古人种华北类型，后来出现在北京的古代少数民族都没有与他们能够有联系的，因此尚不知准确的种族延续。

第五，具有多种文化因素的遗物。青铜环首直刃短剑是最具代表性的器物之一。种类繁多，形式丰富。例如图示的青铜短剑，通长 31.5 厘米，重 209 克。铸工精致。环下方为长方形棱台，剑柄中间有一凹槽，内饰阳刻独身双头蛇和与之盘绕的两端尖、蛇形三曲带状物的图案。蛇头在身体的两端，均向上，俯视形。蛇身饰两条平行阴刻线。蛇的眼、角、吻清晰，蛇身素面。另一面纹饰大致相同，只是盘绕过程中的叠压关系有所不同。剑格两肩略上翘。这把剑去掉锈后依然锋利，可见当时青铜器的铸造技术已经达到很高的水平。

金虎形牌饰含金量在 99%，属纯金。虎头向右，浮雕，通长 4.8 厘米、通宽 2.5 厘米，重 14.4 克。模铸。虎头引颈探首，前后肢屈

青铜环首直刃短剑   金虎形牌饰

铜盘

曲向前，呈行走状。前后腿胛头肌呈隆起状，表现出老虎的强劲有力。尾部短粗垂地。眼、前后爪窝和尾端有4个圆形嵌窝。

如果说上述文物都反映的是北方少数民族文化风格的话，那么这件铜盘代表了来自中原的文化因素。铜盘高 11.8 厘米、连耳通宽 45 厘米，重 3.5 千克。方唇，敞口，平沿外折。两侧各有一附耳，反向两折，与盘体两处相连。耳顶端近直角方折后形成一个长方形鋬，饰兽面纹。浅腹平底，下接有折缘的外撇圈足。口沿以下至腹部铸饰三角勾云纹和勾云纹，圈足饰垂鳞纹。

薪火传承

当时北京市的领导前来发掘工地参观，问考古人员有什么困难时，答道："困难没什么，要求有一个。""说！""希望建一座博物馆，把墓葬能保留下一些。"领导马上对主管财政的领导说，要支持建馆。事后文物局向财政局打了报告，申请 30 万元用于建馆。很快就得到了批复。大家纷纷埋怨：早知道这么痛快，当初应该要50 万！

设计场馆时，设计单位要求考古人员先找一块墓葬集中分布但又未发掘的区域再在上面建馆。这对考古人员田野考古的基本功是一次考验，因为要准确勘探和划分出墓葬的分布，如果划分得不准，墓葬没有包进馆里则意味着馆白建了。发掘人员在墓地东北角，划定了 40 座墓葬，拟建一座 1000 平方米的保护大厅，将墓葬罩在其中，内设回廊供游人参观。后来由于经费有限，面积只能缩至 400 平方米，改为保护 10 座墓葬。

1989 年 9 月，陈列馆建成，考古人员遂进入大厅进行发掘。最后的结果证明，考古人员在地表划分的墓葬非常准确。其中有一座特意留下来的大型墓葬，等级较高，随葬品出奇的多。墓主人为男性，身高 1.8 米，死的时候只有 20 岁。他胸戴金项圈，耳戴金耳环，又被通俗地称为"山戎王子"。

1990 年 1 月 1 日起，陈列馆正式开放，这是国内第一座以古代少数民族文化命名的陈列馆。

原载《大公报》2017 年 6 月 14 日

山戎文化陈列馆

寻城记
——
西汉路县故城的现身

城市副中心的建设是咱北京的一件大事。建设施工，埋藏在地下的古代文物岂能不摸清楚？这就引出了一座古代城池的横空出世——西汉路县故城遗址。

这处距今已有 2000 多年的城址位于副中心的西北角，又一度被人们称为古城、土城。它是如何被发现的？有哪些重要发现？又是如何被保护的？

古城址浮出水面

配合副中心的考古工作始自 2016 年 2 月，短短半年时间就在通州区潞城镇发掘了千余座战国到清代的古代墓葬，这其中，以两汉时期最多。

出现这么多墓葬绝非偶然。它暗示着这个时期人口繁荣，而人肯定需要固定的住所。根据中国古代城市与墓葬的分布规律，逝者一般埋葬在他们生前居所的周边。考古人员发现，潞城镇及周边出现大量墓葬的几处地点如武夷花园、辛安屯村、胡各庄村、召里村、宋庄等，它们大致呈环形分布，皆指向居核心位置的潞城镇古城村。

古城村，因为村名，西侧六环路上的桥也被命名为古城西桥。细心的读者或许从名字上就能品味出这个地点不同寻常：北京几处名为古城村的地点，都是因为旁边有古代城址，如石景山区、延庆区、顺义区的古城村等。通州的古城村会不会也与某座古代城址有关？潞城镇的"潞城"又暗指何城？

通过查阅文献得知，通州自西汉伊始就设置有县城——路县县城，东汉之后，路县改名为潞县。这在《汉书》《后汉书》《水经注》等史料中都有明确记载。清乾隆年间，通州的举人刘锡信曾对潞县故城遗址进行实地调查并撰写了《潞县故城考》，收录在其《潞城考古录》一书中。根据他的记述，当时故城遗址的东、西、北三面城墙都有残存，南墙因接近当时的官道已被夷为平地，周长约四里，城垣残存高度五尺。《日下旧闻考》卷一百八《京畿·通州》一引《通州志》："古城在城东八里甘棠乡，周围四里。相传为前朝驻兵处，今观遗迹实乃邑墟，或曰即潞县。"下有按语："古城遗址今尚存，地名古城庄。"

这些文献记载都说明，古城村如果有古城，应溯源于汉代路县故城。1959 年的文物普查时，路县故城残存北城垣东段，约 50 米长。但仅过了几年，修建运潮减河河堤工程时，这段城垣也随之消失了，地表再无城墙痕迹。路城到底有没有？有的话具体位置在哪？形状与规模什么样？这就要通过考古手段大展身手了。通过间隔只有 1.1 米的"地毯式"勘探，终于在古城村的周边发现了深埋于地下的汉代城墙的夯土。王国维提出的文献记述与考古发现相结合的"二重证据法"在这里又得到了证实。由于大多数出土文物是西汉早中期的，结合地层分析，确定这里属于西汉路县县城。

城墙的发现偶然中有一定的必然性，生动地诠释了什么叫功夫不负有心人。找城墙的时候，东、西、南三面都先后找到了，但北墙和城的西南城角一时半会找不到，这意味着还不能形成一座闭合的城。大家都有些着急，只有去怀疑有可能是北墙的地方反复探。这时一位当地老乡嘱咐："你们的杆子（探铲）向下戳时小心些，别把俺刚种的树探坏了，这些树还没有赔过钱。"考古队员们问："这些树是什么时间种的？"老乡回答："刚种的，但一直长得不好。"说者无心，听者有意。大家一听，这话有门。因为经常翻动的土才适合植物生长，他说长不好，肯定是不常翻的。不常翻的原因可能

路县故城遗址发掘现场

就是以前这里有东西，没法翻。于是就重点在他家的树林里探，果然，在这片树林中探到了北城墙的夯土基址，这是原生堆积的土。地表的北城墙一直到 1959 年的文物普查时还存在，地下的墙基不可能被扰动，这片树林下的土被翻动只可能是最近的事。由于后人翻动较少，当然树木长不好了！

规整的西汉县城

西汉的路县县城什么样？考古揭秘，由城墙、城壕（护城河）、城内遗存、城外遗址区四部分组成。城的平面近似方形，由于古代利用日影确定子午线，加之有地形地势的原因，路城并不是正南正北方向，而是呈 17 度夹角。四面城墙长 555—606 米不等，城的周长近 2400 米，城的总面积约 35 万平方米。地下的城墙基址残高 1.9—2.5 米，横剖面为梯形，上窄下宽，顶部残存宽度为 13—15 米，底部宽约 18 米。城墙系夯筑而成，夯层清晰，厚 0.1—0.2 米。"夯筑"是中国古代建造房屋基础、墙和台基时的主要技术，指靠人力用工具将土一层层砸实的建筑方法。部分夯层之间夹杂有植物秆茎和料姜石，以起到加固夯土的作用，大致类似于现在混凝土中的钢筋。

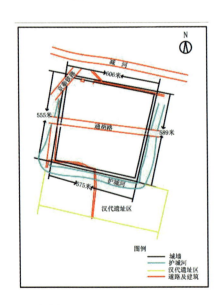

路县故城遗址平面图

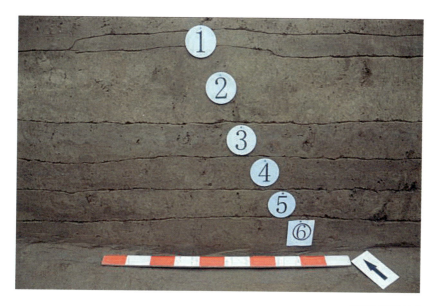

南城墙西段横剖面

夯土内夹杂有植物的秆茎

　　西汉初期，实行的是郡国并行制行政管理方式，郡下设县。路城呈方形，其规模和大小是黄河中下游地区汉代县城标准的规制。它对探索汉帝国中央集权封建政体中北方地区和幽蓟地区的基层社会的主要组织架构和管理机制等均具有重要考古和历史价值，有助于认识秦汉时期郡县制的运行。

　　在东、西、南城墙基址外 25—30 米处发现了城壕遗存，其走向与相对应的城墙基址一致，宽为 25—28 米。至于没有痕迹留下的北城壕，可能已被现在的运潮减河所取代。城壕，即"护城河"，除了防御之外，也兼泄洪、蓄水之功能。还发现了将水从城内排向城壕的排水渠。夯筑的城墙大量使用挖城壕的土，而城壕又巧妙地利用了当时的河道或水系。

城内明清、辽金、汉代三
个时期的道路相叠压，像
是一层层时间的年轮

城内外都有啥？城内普遍存在 1 米多厚的汉代文化层。城中发现明清、辽金和汉代三个时期的道路遗存相叠压，表明路城在这三个主要时期都有过人类活动。随着发掘的继续和研究的深入，城内路网、水系、房屋衙署、城门、居民区、手工业作坊、市场仓储等各功能设施的情况也有望逐一揭开。

城外的灰坑和房址

路城有多大？准确数字已不得而知。根据《汉书·地理志》的记载，渔阳郡平均每县 5735 户，两万余人口。

南城墙外有大片开阔的遗址区，目前所知面积约 20 万平方米。地表上采集到大量的陶片、铜钱等汉代遗物。发现了汉代的沟渠、道路、房址、灶、灰坑和瓮棺等，出土的遗物有铜镞、陶釜、陶豆、铜钱等。特别是城外发现了 200 多口汉代水井，

城内通向城壕的排水渠

分为方井和圆井，最深的达 7 米，有的井壁外还有成捆的苇席痕迹。这些水井的数量远多于供给人们正常生活饮用水所需的水井数量。所以，有一部分水井应是为满足手工业生产专门开凿的。

汉代的文化层中浮选出了炭化的稻米。《后汉书》记载，汉光武帝刘秀平定彭宠之乱后，对于幽蓟地区重要的军事地理位置自然是心知肚明，先后派郭伋、张堪为渔阳太守。特别是后者，在今顺义一带积极开发水利，发展农业，引入灌田，"开稻田八千余顷，劝民耕种，以至殷富"。路城植物考古的发现证实了这段史实。

"路县人"的房屋为半地穴式，比当时的地面低三四十厘米。他们进屋之前要先下台阶。半地穴式房屋利于防寒保暖，适于寒冷

出土的汉代五
铢钱和货泉

汉代铜镞

汉代山云纹和
云纹半瓦当

汉代陶纺轮

干燥的北方地区。

出土的半瓦当、筒瓦等，是保护建筑顶部的材料，还可起到一定的装饰作用。半瓦当既延续了战国时期的燕文化特色，也有汉文化的特征。

城用了多久？从发掘的地层和包含物推断，城的始建年代不晚于西汉中期。之后，一直沿用到明清，有较强的序列性和完整性，汉代遗存尤为丰富。

城与城外的墓葬啥关系？路城周边 2 千米以外的地区都发现过大量的汉代墓葬。它们如众星拱月般以路城为核心环绕。汉代之外各时期的墓葬数量，也与城址始筑、使用和废弃的时间息息相关，唐代、辽代、清代的较多，其他时代较少，呈正比例关系。这些墓葬没有高等墓葬，均为中小型墓葬，与路县作为县级城市的级别相符合。因此，在时空关系和文化联系上，该城址与周围墓葬关系密切，互为支撑。

为何要修这座城？秦汉时期，北京是防御以匈奴为代表的强大北方游牧民族的重要地区，也是汉王朝与东北亚地区文化交流的前沿基地，经略该地区对于巩固秦汉帝国的国家安全有着举足轻重的作用。因此，路县故城在联结北京与周边地区文化、交通、经济、军事上都有着纽带作用，它的发现是北京作为早期中国北方地区政治中心、军事中心和交通中心的重要物证之一。

古代华北平原地势低下，沼泽遍布，难以通行，唯有山前地带地势高亢，因而形成交通要道。古代北京有四条大道通往四方，分别是通往中原的太行山东麓大道、燕山南麓大道、古北口大道和居庸关大道。秦汉时期修筑以咸阳为中心，通往全国各地的驰道，其中的"蓟襄驰道"就是在燕山南麓大道的基础上修筑而成的，是通往碣石之路，连接海滨和华北地区的一条重要道路，军事战略意义很高，需要设置州县以进行控制。路县就应运而生，紧依"蓟襄驰道"而建，也担负起驰道的养护任务。

我国古代大到定都建城，小到盖房筑墓，择地为首。占据地利，上应天时，中聚人和。路县故城西望蓟城，为广阳之门户；北守渔阳；东控碣石，为陆海相通之孔道，是汉帝国在其北部却敌守边并拓展疆土的重要据点，当时就为形胜之地。

路县故城的发现有什么重要意义？路县故城是迄今通州区发现最早的古城，两汉时期作为县治的治所，并曾为渔阳郡的郡治；唐代以后，潞县治所西迁，后来演变、发展为明清时期的通州城；现在北京城市副中心又选址于此，与古人不谋而合，也符合北京城址从西向东不断发展的趋势。且，路县故城挖掘和丰富了城市副中心的文化内涵，是副中心文化资源的重要组成部分，是副中心历史文脉的"活化石"。不妨这样对比，路城之于副中心，如同琉璃河西周古城之于现在的北京城。

秦汉时期今北京地区有城 20 余座，而今，可觅踪迹者不过七八处，路城是通州区仅有的 1 座，也是北京第一处对城址和附属墓葬整体发掘的城。更为难得的是，和其他汉代城址都先后被废弃的情况不同，路县故城并未随着县治的变迁而废弃，而是从建成之始一直沿用至今。

"潞县"一词大量见于通州出土的墓志。通州迄今至少发现唐代墓志 8 方，提及"潞城"的就有 7 方，记载了"甄升乡""招义乡""潞城乡""高义乡"等唐代潞县乡名。特别是在南距路城南城墙 860

米的辛安屯村发掘的唐代墓葬，墓主人为葬于唐文宗开成二年（837年）的幽州潞县县丞艾演，志文记载，墓葬"葬于古潞城南一里平原"。艾演墓的位置和墓志的记载，是汉代路县故城城址位置的有力佐证，也表明唐人尚用东汉的"潞城"之名。唐代的高行晖为土生土长潞县人，曾任正议大夫，赠户部尚书，参与平叛安史之乱，死后魂归故土也葬于潞县高义乡。辽代的墓志还记述了潞县"郑公乡"，金代墓志中提及潞县"潞水乡"。

就汉代考古而言，以往城市考古的发掘与研究多集中在都城大邑，而地方郡县治所等一般性城市的考古相对较少。《汉书·地理志》记载西汉的县城有 1587 座，各地考古发现的秦汉城址仅有 621 座，而且全面开展考古的不多。路城的发现将会填补相关的学术空白。

路城的历史沿革

春秋战国时代，今通州区属燕国范围。燕昭王（公元前 311 年—公元前 279 年）时开拓北疆，置上谷、渔阳、右北平、辽西、辽东五郡，今通州属渔阳郡管辖，秦时沿袭。

据史籍，路县"西汉初置"，约在汉高祖十二年（公元前 195 年）设立，所以筑城当约略同时。县城设于蓟（今北京市广安门一带）襄（今辽宁辽阳）驰道南侧，因是燕国通往辽东的第一个县，取"蓟城东首要驿路为名"，故名路县。

初始元年（公元 8 年），王莽篡汉，改路县为通路亭，属通路郡。《汉书·地理志第八下》载："路，莽曰通路亭。"所谓通路郡即王莽所改故渔阳郡。

东汉建立后,废新莽所改,恢复西汉旧称,但改路为潞,始称潞县。《后汉书》志第二十三《郡国五》中载,渔阳郡下辖九城,潞县是其中之一。流经潞城的潮、白二河亦因以名潞河。

更始三年(公元 25 年),汉光武帝刘秀亲率军队北上攻灭河北起义军,其军经过潞县。最高君主临幸,为路县故城的历史添上一笔亮色。然而,世事难料,一个离奇的谋杀案,令路县城池葬身火海,它的传奇故事就此戛然而止。

当年汉光武帝刘秀从布衣起事时,曾得到一个叫彭宠的人的帮助,兵、粮没少给。然而刘秀登基后,却没给好处,当初彭宠派去增援刘秀的吴汉、王梁都位列三公,而彭宠没有加升,只是给他封了个渔阳太守。后因幽州牧朱浮构陷,彭宠彻底失去了刘秀的信任。彭宠一气之下,建武二年(公元 26 年)率军造反,攻下大片土地,并自立为燕王。烽烟四起,建武四年(公元 28 年),刘秀遣游击将军邓隆伐之,最终双方在路县激战,僵持不下。此时的县城四面环水,浅不能过马,深不能行船,易守难攻。就在彭宠得意扬扬之时,他的仆人子密(此人后封不义侯)却趁他午睡时悄悄潜入他的卧室,将他捆绑住,随后骗来彭妻。在搜刮一批金银财宝,并骗取了出城手令后,杀死彭宠夫妇,持首级投奔了刘秀。直到第二天,他的部下见主帅总是不出院门,就翻墙而入,才见到两具无头尸!主帅惨死,叛军随即土崩瓦解,城破火焚,路县城池的荣光也暂时戛然而止。

《水经注·鲍丘水》中载:鲍丘水"又南迳潞县故城西,王莽之通潞亭也。汉光武遣吴汉、耿弇等破铜马、五幡于潞东,谓是县也,屈而东南流,迳潞城南,世祖拜彭宠为渔阳太守,治此"。据此可知,潞县一度作为渔阳郡的郡治。

《旧唐书》卷三十九《地理志二》记载："潞，后汉县，属渔阳郡，隋不改。武德二年（619 年），于县置玄州，仍置临洵县。玄州领潞、临洵、渔阳、无终四县。贞观元年，废玄州，省临洵、无终二县，以潞、渔阳属幽州。"

至唐代，潞县真正的治所可能已西迁至今通州区明清旧城一带，但需要更多的考古工作证实。此地空余古潞城。

《新唐书·地理志》记载："鲜州，武德五年（622 年）析饶乐都督府置。侨治潞之古县城。县一：宾从。崇州，武德五年析饶乐都督府之可汗部落置。贞观三年更名北黎州，治营州之废阳师镇。八年复故名。后与鲜州同侨治路之古县城。县一：昌黎。"这段记载的意思是，本来，鲜州和崇州皆于唐武德五年由析饶乐都督府之奚部族和可汗部落置，均为羁縻州，属营州都督府管辖。武后中，李尽忠陷营州，迁鲜州于青州境，迁崇州于淄州境。神龙初年(705 年)，鲜州及所领宾从县和崇州及所领昌黎县，分别由青州、淄州北迁于幽州潞县故城，属幽州都督府管辖。后废。

《元史》载，"通州，唐为潞县，金改通州，取漕运通济之意"。1975 年通州城关出土了金代宣威将军墓，墓主人石宗璧，金大定十七年（1177 年）四月四日葬于"通州潞县台头村"。由于镇压农民起义受到器重，石宗璧由一介普通官吏升至正五品官阶的宣威将军，管理大和寨的军政。该墓志中明确出现了"通州"一名，证实了《元史》中的记载。

明代，因取城土制砖修通州城，路城东、南城垣大部分被毁，只余西、北墙以抵河水冲积。清光绪年间，仅余北垣依旧，城内的西北角楼台尚存残迹。

保护北京金名片

2017 年 1 月，北京市政府专题会议强调，汉代路县故城见证了北京历史文化的发展记忆，是不可再生的文化遗产，要优先加以保护。同时决定，将路城文物保护工作纳入城市副中心建设整体规划，与城市副中心规划统筹考虑。

这是北京文物保护工作上的空前壮举，定会在北京文化遗产保护史及城市发展史的历史长河中画上浓墨重彩的一笔。城市建设中，完整地保护一座新发现的汉代县城并建设遗址公园，在全国范围内绝无仅有。

路县故城遗址的整体保护是北京历史文化名城保护和城市副中心建设中的亮点。历史之城与未来之城直接对话，相织共融。试想不久，北京城市副中心整齐宏伟的办公大楼北有富蕴汉韵遗风的路城博物馆、西有流淌千年文脉的大运河、南有郁郁葱葱的森林公园，将是一幅多么美好的画面。通州也将继续讲好路县故城、北齐古城、张家湾明代古城、漷县明代古城的四城故事。

北京历史文化是中华文明源远流长的伟大见证，通州有不少以路城为代表的历史文化遗产。根据习近平总书记两次视察北京后对保护历史文化遗产的相关指示，相关部门会更加精心保护历史文物古迹，凸显北京历史文化的整体价值，强化"首都风范、古都风韵、时代风貌"的城市特色。

路县故城的全面保护，留下了北京的"根"与"魂"，不仅对北京城市副中心建设，也对大遗址保护、文化中心建设、京津冀协同发展、中华民族优秀传统文化继承和弘扬，都有着深远、积极的影响。

原载《北京青年报》2017 年 4 月 14 日

黄肠题凑 玉舞广袖
—— 大葆台汉墓

北京西南的丰台区，有个郭公庄村，村中伫立着著名的大葆台西汉墓博物馆。大葆台汉墓是如何被发现的？出土了什么"宝贝"？汉代北京属燕国，墓主人是哪一位燕王？

横空出世 惊世发现

1973年，一位考古工作者偶然得到了一块在丰台郭公庄出土的残玉。他通过对它成色的考证，认定这块玉应该出自汉墓。到了1974年，当时的北京东方红石油化工厂在大葆台一带两个高大的土坡子上勘测，这是"备战备荒为人民"的需要，因为这里地势较高，适合深层埋藏储油罐。然而，勘测的过程中，一位爱好文物的地质人员发现，土层深处，居然埋有木头和木炭。

因为这些不同寻常的结果，6月8日，

北京市地质地形勘测处给当时的北京市文物管理处考古组打了电话。没想到，就是这个电话，揭开了一个藏在历史深处的巨大秘密。

考古人员马上前往调查。当富有经验的专家看到了现场的木炭、白膏泥和铜钱时，马上就联想到了不久前湖南长沙发现的马王堆汉墓。1972 年，马王堆汉墓因为出土了世界上罕见的千年女尸而闻名遐迩。而白膏泥在大型汉代墓葬中是很常见的，功能就是防渗隔潮。

当时马王堆汉墓影响很大。受这一启发，有关方面也想在北京挖出个老头来，形成南女北男的呼应之势，所以对汉墓的发掘非常重视，组建了精兵强将。1974 年 6 月，整整一营的工兵在考古人员的指挥下，开着几台大型机械来到发掘现场。当时的发掘场面之巨大，甚至使外国人误以为这是中国人在搞军事行动！因为，外国人根据卫星拍到的照片分析，认为中国当局要在北京西南搞大规模的军事工程，足以见得当时的规模之大了。1974 年 8 月 19 日，两座墓葬正式发掘。

两座古墓之上都有厚达六七米的夯土层。几位经验丰富的河南探工足足探了一个星期，却始终找不到墓葬的边界。事后才知是北京与河南的土质有着根本的不同，当时探工的眼睛都急红了。9 月20 日，考古人员挖开夯土层后，发现了一个从未见过的现象：墓室周围有大量的木头，整座墓室是由 90 厘米长、10 厘米见方的木头层层垒起的，有些木头上还弹有清晰的"十"字形或直线形墨线；木头头向内，形如木墙，南面正中有门。

俗话说"汉墓十墓九空"。虽然发现了盗洞，但随着开挖的继续，考古人员越来越振奋，因为大家发现，这是一座规模很大的古墓，"仅仅墓室的面积就达到 417 平方米"，比乾隆皇帝墓的面积（300

大葆台一号墓葬

平方米）还要大。而且墓室的木结构，完全采用插木榫和搭扣技术，
没有一根铁钉，充分反映了我国古代劳动人民高超的建筑水平。

　　沿着古墓的顶部，越往下清理条木越多。这些条木开料非常规
整平直，表面打磨光滑，在 2000 多年后还散发着清香，令发掘人员
至今都印象深刻。经过清点，条木总数约 14000 多根，相当于 122 立
方米木材。这座古墓仅"木墙"的用材，就相当于一片森林！

拨云见日 初露锋芒

　　大家面对以一片森林为代价的四面"木墙"，一时茫然无措。
虽然作了种种猜测，仍然不知为何物。

　　大葆台墓葬发掘的消息传开了，当时正处在被打倒阵营的一位

考古专家听闻后非常兴奋，周日偷偷骑着自行车来到工地（平时都在接受改造），混在工地上拉起的铁丝网外大堆看热闹的人群中观看，还戴着草帽，压低了，免得被别人认出来。

回去之后，他当夜伏案查阅资料。"从葆台归来，反复思索，觉得此墓结构鲜见，甚感兴趣，夜来细检王国维《观堂集林》和杨树达《汉代婚丧礼俗考》，得数则，似与此墓形制有关，抄析如左供参考。"他明确提出大葆台汉墓的"条木"即为"黄肠"，"木墙"即是"黄肠题凑"，并抄录了几条文献中有关这方面的记述。他把看书的心得记在小纸条上，一次在食堂，趁别人不注意偷偷塞给参加发掘的另一位考古人员。

这位考古专家提供的资料和认识及时且重要。大家将考古发现与文献材料细致对照：不管哪个方向的"木墙"，它的每根条木的端头都是向内的，如果人站在墓室的正中向四壁看时，所看到的只是方条木的断头——这与文献记载的"黄肠题凑"是基本一致的。但文献中所记"黄肠题凑"的用料应为柏木，由于没有先例，发掘人员心中仍有疑问：木头究竟是不是柏木？

为了进一步验证这些条木是否为柏木，考古人员立即请林业专家进行鉴定，得到的答复是大葆台汉墓的"木墙"，其材料均为柏木，而且是"柏木黄心"。大葆台汉墓的木墙即为史书记载的"黄肠题凑"形制已无可置疑了。为此，大家十分高兴。人们以前只能在史书上看到的"黄肠题凑"的墓制，终于走出历史的禁锢，展现在人们的面前了。

"黄肠"，指材料和颜色是柏木黄心。这一词见于颜师古注引苏林曰："以柏木黄心致累棺外，故曰黄肠。木头皆向内，故曰题凑，所以为固也。"

"题凑",指木头摆放的端头向内。这一词始见于《吕氏春秋·节葬篇》:"题凑之室,棺椁数袭,积石积炭,以环其外",说明早在春秋战国时期"题凑之制"已出现。春秋时期著名滑稽人物优孟在讽谏楚庄王时,说当时的君王"以雕玉为棺,文梓为椁,楩、枫、豫章为题凑。"意思是,君王死后的葬具要用玉雕来装饰,用梓木作图案装饰椁,还要用楩木、枫木、豫章木盖题凑。

"黄肠题凑",指设在棺椁以外的一种木结构。这一词出自《汉书·霍光传》。大将军霍光死后,皇帝赐他"梓宫、便房、黄肠题凑各一具"。它和梓宫、便房、外藏椁等构成了汉代帝王的专用葬制,是西汉最高级别葬制体系,而其他的皇亲国戚及高官大臣只有经过天子的特赐才可享用。

大葆台一、二号墓东西并列。一号墓在东,墓主人为男性;二号墓位西,墓主人为女性。一号墓的规模非常宏大,从黄肠题凑往里走,即是前室,也叫便房,是象征帝王生前起居玩乐的地方,前面有一张宽大的黑漆朱彩的坐榻。汉代没有桌椅,人们都席地而坐,坐榻就是帝王的沙发。前室再向里是放置棺床的后室,用梓木做成,所以叫梓宫。这种象征厅堂、保留前室和后室的结构,是模仿主人生前宅院而建成的。

一号墓中的铜镜花纹说明其早于王莽时期,而陶器中也没有发现东汉墓中常见的鸡、狗、猪等动物俑,由这些文化迹象可以判断,这座墓的年代应该接近于西汉晚期。

一号墓在发掘中,赫然出现了一个巨大的盗洞。大家心里都是骤然一惊:会不会墓已全被盗光了!随着发掘的进一步深入,工作

人员惊喜地发现，昔年的盗墓者
并没有将墓葬洗劫一空，墓葬中
陆续出土了陶、铜、铁、玉、玛瑙、
漆器、丝织品等 400 余件文物。

　　玉舞人出于二号墓头骨附
近，是大葆台文物中的颜值担当，
被看作是西汉晚期玉器的典型作
品。扁平玉片长 5.12 厘米、宽 2.53
厘米、厚 0.48 厘米。以透雕镂空
技法制成，双面阴刻舞人的形象，
上、下端各有一孔。她的头部没
有明显的发式，用几条简单明快
的短阴线勾画出眉眼鼻口，身穿
长袖的紧身短上衣与曳地长裙。
一手上举，一手下蜷。

　　玉舞人佩是两汉时盛行的一
种人像佩饰，所以它应是组玉佩
中的一件。汉代玉舞人大多出自
诸侯王及女性亲属墓中，表现也
较多女性形象。《周礼》注人舞，
"以手袖为威仪"。您眼前的"她"，
轻舒广袖，微折柳腰，长裙拂地，
是秦汉时比较盛行的"翘袖折腰"
舞，表现出汉代舞人"长袖"和

玉舞人

大葆台西汉墓
中的六博棋

"细腰"的特点。

六博棋简称"六博"，又称"陆博"，是一种通过掷彩、行棋而分胜负的棋类活动。这种游戏的历史很久。《楚辞·招魂》有"菎蔽象棋，有六博些"。六博棋的棋盘叫作"博局"，一副六博棋应有 12 颗棋子。

大葆台一号汉墓中出土了 8 颗象牙六博棋。棋子 6 面为长方形，边缘有阴刻的直线为框。其中 4 颗的 6 面阴刻飞龙，另外 4 颗则为奔虎。雕刻精美，十分罕见。棋子长 3.1 厘米、宽 1.5 厘米、厚 1.2 厘米。

浮出水面 引玉之砖

普通百姓用一层棺材敛尸埋葬，而帝王为了显示等级，棺材外面加椁（指棺材外又包的一层大木）。"天子棺椁七重"，指四棺三椁是皇帝的葬制。"诸侯五重"，指三棺二椁是分封的诸侯王的葬制，大葆台汉墓便采用这种葬制。西汉中晚期，北京属于"燕国"的地域，是燕王的封地。然而西汉燕王何以有权采用天子才能享用的黄肠题凑？

西汉存在"宫室百官同制京师"，指准许地方仿照首都的建造制式，这实际上是一种怀柔政策。为了笼络人心，给诸侯国这个等级地位。当然，这种黄肠题凑帝王墓制不是每个诸侯王都能享受的，只有帝王和皇室成员或得到特许的地位极高的官员才有可能享受到如此安葬的待遇。

大葆台汉墓的主人到底是谁？一件不起眼的漆器提供了重要线

索。一天早上，两位工作人员上厕所时，无意中在一号墓北侧内回廊中的一根木料上看到"一块圆的东西"。由于被踩来踩去，物件中间被磨掉了，一半已经翘起。清理之后，发现是一件漆盒残底，直径 11 厘米，厚 0.15 厘米。它夹纻胎，圆形，鬓朱漆。中间竖行针刻汉隶"宜官廿四年五月丙辰丞告……"。这说明墓主人在位的时间至少要超过 24 年。

漆盒残底及底部的字迹

据《汉书》记载，西汉燕国共有 12 位燕王，在位 24 年以上的有 4 人：燕康王刘嘉，26 年；燕王定国，24 年；燕刺王刘旦，38 年；广阳顷王刘建，29 年。一号墓中出土了大量西汉五铢钱。而燕康王刘嘉和燕王定国均死于五铢钱出现之前，所以可以将这 2 人排除了，只能是燕刺王刘旦和广阳顷王刘建父子 2 人中的 1 人了。

史书记载，燕刺王刘旦曾企图谋反，阴谋败露后被汉昭帝赐死。因此，刘旦肯定没有资格享用"梓宫、便房、黄肠题凑、外藏椁"这样西汉最高级别的葬制待遇。所以，学术界大多数人认为一号墓主人非广阳顷王刘建莫属。

大葆台一、二号墓，是北京地区目前发现的规模最大的两座汉墓。1979 年 11 月，经过反复论证，北京市政府批准在原址建设博物馆。

大葆台西汉墓博物馆

1983 年 12 月 1 日，大葆台西汉墓博物馆建成并开放。这是目前北京唯一一座汉墓博物馆，在保护文物和遗址展示方面起到了良好的示范作用。已故的西汉南越王墓博物馆馆长麦英豪先生就多次表示："没有北京大葆台西汉墓博物馆，就不会有广州南越王墓博物馆。"正是大葆台汉墓在艰苦卓绝的条件下建成了博物馆，才促成了南越王墓在原址建成博物馆。

原载《大公报》2017 年 2 月 22 日

隐秘千年的历史
——房山唐代节度使刘济墓

房山，北京西南，埋藏着一位曾经叱咤风云的唐代节度使。他是谁？怎么被发现的？他经历了怎样的一生？

现身

房山位于华北平原与太行山交界地带，历史悠久，是人类文明的重要发祥地之一。闻名中外的"周口店北京猿人"就在这里活动；距今 3000 多年的琉璃河遗址是周武王封燕之地，也是北京考古发现建城的开端；云居寺刻石刊经，自北齐至明末，历千年不断。不间断的人类活动，使得这里的地下文物埋藏丰富。

长沟镇坟庄村，位于房山西南一隅。人们一直好奇村名的来历，因为在这个村子并没有发现坟墓。"坟庄"一名由何而来？直到 2012 年 7 月，一队工人正在炎炎烈日下挥舞着洛阳铲。为配合北京文化硅谷建设，按照相关规定要先期对这里进行考古勘探，也就是人们经常说的"要动工，先考古"。

一位探工的铲子向下探了半米多深后，"当"的一声打在了石头上。这在勘探过程中是常有的事情，所以也没有引起大家太大的注意。但越来越多的"石头"露面，大家发现，这片"石头"分布范围很大。随着人们对范围的掌握越来越精确，可以把形状绘制成图，大家才看明白，原来是一座全长 34 米、"五室一厅"的墓葬。这座墓葬背靠上方山，濒临拒马河，凿山为穴。"坟庄"村这次真的发现了大墓。

古墓确定了，但属于什么朝代并不清楚。结构如此复杂、规模如此巨大的墓葬在北京是很少见的。墓葬中有没有机关暗道？有没有珍贵的宝物？回答是前者真没有，后者可以有。

唐代刘济及夫
人合葬墓

考古人员第一时间进入墓室时，不由得倒吸一口冷气，因为眼前可谓一片狼藉。主室内除巨大的棺床还在坚守自己的岗位外，几块石椁板都散落在棺床周围。显然，这座墓葬已经被人盗过了，甚至有一次还把墓志盖砸坏了一角。不过，剩下的文物还是诉说着它们主人生前的显贵，尤其是石质文物有"三绝"。

首先是精美的石棺椁。石椁中部浮雕出门框、门簪、门扇及乳钉、门锁等表现着当时建筑样式的形象，并施以彩绘，特别是门锁上贴金的装饰手法，令人叹为观止。汉白玉质长明灯由灯盏、灯柱及灯座三部分组成，装饰有浮雕莲花造型配饰及线刻牡丹纹饰。石棺床高达6层，非常豪华。每层都雕刻着精美的图案：第一层是面部形象，比如人面、兽面，表情各异；第二层和第六层是祥云；第三层和第五层是牡丹花；第四层是瑞兽。

浮雕彩绘石棺床

石棺床上的浮雕
脸形图案

彩绘汉白玉文官石俑（左）与
武官石俑（右）

脸形图案面带胡须，似笑非笑，喜怒哀乐藏于细微之处，每张面孔的表情都不一样。有人认为是天王脸，也有人认为是阿修罗面。神秘的脸形图案到底是什么意思，还有待学界进一步破译。

其次是通体彩绘的汉白玉文武官石俑，雕刻线条流畅，帽服刻画细致，五官生动。

最后的边长162厘米的大型彩绘浮雕十二生肖描金墓志，是目前发现的唐代墓志中的珍品。

此外，陶瓷器有白釉瓷碗、白釉唾盂、澄泥抄手砚等。唾盂洁白细腻，造型端正，釉质细润光滑。玉、铜、铁等文物包括白玉花卉纹饰件、万字纹玉饰件、绿松石饰件、铜甲片、铁甲片等。玉石器分为滑石型玉器和透闪石型玉器两类。唐代有严格的用玉制度，只有皇帝、亲王及三品以上的官员才能佩带玉，等级越高，数量也越多。刘济墓中玉石器主要出于主室。安史之乱后唐朝与西域之间通道被阻，这种历史条件下刘济仍能获美玉，进一步证明了他的显赫身份。玻璃器分为高铅硅酸盐玻璃和钠钙硅酸盐玻璃两种。后者很可能是借助于丝绸之路，从罗马地区通过中外贸易、经济和技术交流，传入幽州地区。

墓壁之上绘有两层彩画的墓葬十分罕见。彩画在刚挖开的十分钟内颜色最为亮丽，之后随空气氧化

白釉唾盂

而渐失光鲜。相对于上面一层层
彩画的丰富与精美，下面压着的
一层则简单了许多。之所以有两
层，可能与有两位墓主人有关。
第一位下葬时画过一次，第二位
下葬时又在上面画了一次。壁画
内容包括乐舞表演、家居生活、
建筑、侍女、动物、植物等，反
映了当时的生活习俗、服饰特色、
娱乐方式与建筑风格等，展现了
北京地区唐代上层社会的生活及
精神追求。

墓室上的彩绘壁画

　　这么多精彩的随葬品，这座墓葬的主人究竟是谁？

解密

　　墓中两块墓志的铭文可以和《全唐文》吻合，说明历史文献的
记载是可信的。它们告诉人们，墓主人是史上有载的唐代幽州卢龙
节度使刘济（757—810年）和夫人张氏。

　　在唐代，节度使权倾一方，可谓"封疆大吏"。他们有军权、财权，
虽说效命于大唐王朝，但在当地就是土皇帝。唐代由盛而衰的转折
点"安史之乱"的始作俑者安禄山、史思明就当过节度使。

　　刘济家族累居幽蓟一带，按族谱来排的话，他应是西汉中山靖
王之后，跟刘备这一支有血缘关系。这一家族中代出高官，辽代宰

相刘六符等人就是他们的后裔。刘氏家族从唐代中期到金世宗时期，300多年一直兴盛不衰，是北京地区的大族，堪称幽燕"土豪"。

刘济的父亲刘怦就是幽州卢龙节度使，不过上任后仅三个月就去世了。所以刘济子承父业自然上位，一共在位26年。他在任时统辖范围涵盖今天的北京全境、河北北部、天津大部及辽宁西部地区，范围很大，是唐代河北三镇中实力最强的藩镇。

传说刘济出生时母亲难产，好不容易落生，助产的人看到的却是一条"黑气勃勃"的巨蟒，一个个吓得掉头就跑。当然，传说归传说。刘济从小聪明异常，深得父亲喜爱，被送到首都长安求学。这名官二代不负父望，考中了进士，他的幕府中集聚了大量当时的著名文人。

他文武双全。当时卢龙的治所幽州北处边境，常受乌桓、鲜卑等北方民族的侵扰。当上节度使后不久，勇猛的奚人（北方的一支少数民族）从大草原上驰来，侵扰幽州北部边境。刘济率军迎击，穷追千里，直至军都山，斩首二万人。后来奚人卷土重来，袭掠边境，刘济会合其他军队再次把进犯的奚人打得大败。边境遂安。唐贞元年间，朝廷优容藩镇，节度使大都骄横不法，只有刘济对朝廷最为恭顺，进贡不断，因此唐德宗也很信任他，屡次加官。唐宪宗时，命诸藩镇出兵讨伐成德节度使王承宗，诸军大多迟疑不进，但刘济带军攻克数地，斩首千级。

他还用了20余年的时间自费在与自己墓地相邻的白带山云居寺刻石经。云居寺出土的唐代《涿鹿山石经堂记》碑记中，刘济自述："我刘济用自己的官俸，为圣上（唐宪宗）刊《大般若经》，在今年四月完工。"绵延千载的云居寺刻经史上，刘济是重要的刻经人之一。

1957 年，这些沉寂了一千多年的石经在云居寺藏经洞问世。刘济共镌刻一百余卷。他的这部碑记十分重要，记载云居寺的刻经其实从北齐就开始了。

不过，虽然刘济深得军心，妥善地处理了"执掌一方"与"效忠朝廷"的关系，却没能抹平父子兄弟间的嫌隙。

就在刘济出征王承宗的途中，行至饶阳，他忽然生病。次子刘总随军。刘济病后，性情凶暴的刘总便与唐弘实、孔目官、成国宝等下属密谋篡位。他派人假装是朝廷使者，在街上大喊："朝廷以相公逗留无功，已除副大使为节度使矣。"次日，又派人叫喊："副大使旌节已至太原。"过几天，又派人叫喊说："旌节已过代州。"举军惊骇，病中的刘济不知所为，诛杀主兵大将数十人，又命长子刘绲赶来。气愤至极的刘济自早到晚拒绝饮食，后口渴索饮，刘总便暗中在爸爸的粥汤中投毒害死刘济，又将行至涿州的刘绲假以父命杖杀之，最后自领军务。数日之后刘总才为父亲发丧。刘济死时不过 54 岁，可惜一代雄杰，祸起萧墙，竟惨遭亲子毒手，死于非命。唐宪宗思念他的功劳，特追赠为太师，并废朝 3 日，以示尊重，加刘济的谥号为庄武。刘济去世后，刘总在房山修建了刘济墓。

刘济的墓志是当朝宰相、著名文学家权载之奉旨撰写的，建设部部长（工部尚书）归登（中唐宰相归崇敬之子）负责刻石。两位大领导联手制作墓志，说明了刘济的社会地位和显赫身份。

除了这些文献史实外，墓葬还告诉人们哪些纸面历史之外的故事？

补史

历史已逝世，考古学使它复活。

刘济夫人张氏的墓志规格超大，一周浮雕彩绘十二生肖图案，间以牡丹花图案。浮雕在形体处理上，先仔细雕刻出物象，然后根据结构赋彩，文字部分依稀可以看到金粉。人物色泽饱和，浓淡得体。制作极尽奢华，甚为罕见。

十二生肖被文官抱在怀里，不仔细看无法辨认。十二生肖是唐代墓志上最常见的图案之一。它们代表十二个时辰，出现在古墓里，意味着死者在另一个世界也能知晓人世间的时间轮回。同时逐渐拟人化的十二生肖图案也代表十二位神灵，有护佑死者的含义。

古代婚姻讲求门当户对。同老公家相比，老婆家族也不逊色。

刘济夫人张氏墓志盖

刘济夫人墓志盖上
的生肖装饰

张氏出于清河，她的先祖张开地先后辅佐韩昭侯等三代国君。张开地子张平，辅佐韩厘王、韩桓惠王两代国君。张平的儿子张良，是汉高祖谋臣，汉朝的开国元勋之一，与萧何、韩信同为"汉初三杰"。张氏的曾祖父为"陇州刺史"，祖父为"剑南西川节度兵马使"，父亲为"左领军尉大将军"。

清河张氏后代任官者众多。尤其是唐代张文瓘、张文琮兄弟及子侄五人，皆官居三品以上，俸禄累超万石，有"万石张家"之誉。唐高宗时，考定四海望族，遴选十姓望族为"国柱"，清河张氏位列其首。在已发现的大批唐代墓志中，凡张姓亦多以清河张氏为其族望。天下张姓出清河，此言诚不为虚。

张氏曾获得三个封号：蓟国夫人、蓟国太夫人、燕国太夫人。三个封号伴随着这个女人的一生。

蓟国夫人，刘济生前张氏谨守"五常四德"，贤良淑德，因此受封。

蓟国太夫人，刘济暴毙后，军队大乱，人心浮动，在何去何从的危难关头，张氏临危不惧，召集众人，做了大量的安抚工作，坚决支持刘总继任幽州卢龙节度使，使幽州恢复平静，还支持刘总继续服从中央，因此受封，所以墓志中出现了"敬姜"一词。敬姜是中国古代杰出女性的代表，贤母的典范。西汉刘向记述上古至汉代妇女嘉言懿行的名作《列女传》中《母仪》篇"鲁季敬姜"就对这位贤母的事迹有全面记录。成语"敬姜犹绩"作为富贵而不忘本、不求安逸的典实而成千古绝唱。

燕国太夫人，此封号为张氏去世后追赠。张氏"栖心释教"，普济贫困，广开善门，仿效老公生前舍宅兴建崇效寺之举捐资修葺寺观。

刘济次子刘总，也就是墓志的作者，在《旧唐书》《新唐书》中，都被刻画成"性阴贼，尤险谲"之人，被史官所诟病。但在张氏墓志的记述中，他却完全是另外一种形象。

刘总忠于朝廷，孝敬父母。张氏病重时，他侍候床前，通宵达旦，冠带不解，饭药都要先尝一遍才喂母亲。张氏病逝后，刘总泣下成血。

刘总对其生母，确可谓孝，然诸多诚孝之举、守节奉礼之行仅见于此墓志铭，与史籍所载迥然有异。在其殚精孝母的溢美之词镌于刻石之际，亦有弑父杀兄之恶丑行径载于正史，思之令人悚然。

比较一下父亲和母亲的墓志，就能看出问题。母亲墓志不仅石材选料优质，规格远超同侪，还采用浮雕、彩绘加以修饰，"伐石篆金"。相比之下，父亲的墓志可以用"寒酸"形容。

母亲族属清河望族，出现如此精绝墓志可解释为彰显其家族声威，然而他刘家家族显赫程度也不差，所以推测有可能是刘总出于弑父杀兄的怀愧之情，在母亲身上极尽孝道。此外，刘总毒死他爹后一个月就仓促下葬，而母亲死后半年之久才下葬，也让他妈妈的墓志有了更充分的准备和修建时间。

当然，刘济墓的发掘也有许多疑问仍待解决。例如考古人员在墓葬后室意外发现了金代钱币。因为这个发现，大家起初以为这是金代海陵王完颜亮的陵墓！刘济生活的时期距离金代钱币使用时期至少有350年，唐墓中却发现有这种金代钱币，让人匪夷所思。这种情况存在以下几种可能：第一，可能是刘济的后代在祭奠先人时带入墓葬的；第二，可能是金代时期后人修葺墓葬时所为；第三，可能是盗墓者在盗墓时进行仪式所用。这都需要更多的证据才能得到更清晰的答案。

原载《大公报》2017年11月22日

鬼斧神工造仙乡——

延庆古崖居洞窟

国务院公布的第七批全国重点文物保护单位中，北京有 27 处入选。编号为 7-0001-1-001 的延庆古崖居遗址就是其中特殊的一处。说它特殊，是因为它介于古遗址和古建筑之间，对其建造年代的争论，学术界也有着不同的意见。

横空出世

1984 年，进行北京市第二次文物普查的工作人员来到了延庆最西的张山营镇，听老乡们谈起深山之中有很多房子，可从来没有人住过，当地人称之为鬼衙门。附近村民将其视为躲避战乱的"风水宝地"，秘而不宣，故知之者甚少。工作人员很好奇，在村民的带领下进山一探究竟，别具洞天的瑰奇景象让他们惊叹不已。

在山崖上，有规模庞大、整整齐齐

古崖居洞窟

古崖居洞窟

的一排排洞窟。从山外面看，看不到洞窟，只有走进山里，转几个弯，进入沟涧才能看到洞窟全貌。

考古人员清理了洞窟 50 座，里面的遗物多属金、元、明、清四代，唐、辽遗物也有少量发现，主要是黑釉折肩罐、子母口灰陶盖罐、酱釉小口罐等。

这些由先民在陡峭的山崖上凿建的洞窟，被称之为古崖居。它海拔 666 米，分布于 10 万平方米的崖壁之上，入选"国保"之前，是北京市文物保护单位和全国青少年教育基地。

别有洞天

洞窟依位置可分成前、中、后三个区域。前沟南、北、东三坡

近观洞窟

凿有 91 座；后沟东坡凿有 26 座；加上其他零散的，共有洞窟 130 多座。进入洞窟群，先见到的第一个洞穴，类似于现今大院落的传达室，进出之人必须从这里经过。这些洞窟的洞口毗邻，位置错落有序。洞窟呈长方形或正方形，类型有居室、储藏室、马厩、议事厅等。开间有单间、两

崖壁上的古栈道

套间、三套间不等，以一明两暗的三套间居多。山体最下层多为马厩，上层为居室，上下层间有阶梯相通。居室结构巧妙，与今天的北方民居相似。

整个洞窟群分布成楼层状，布局紧凑，有规划，给人的印象是密而不乱。各洞窟间相互关联，但又相对独立，峭壁间的"之"字形栈道自下盘旋而上，将各个洞窟联结成一个统一的整体。

走进洞窟，可以看到，里面留有许多的古人生存痕迹，如门、窗、壁橱、灯台、火炕、排烟道、石灶和马槽。门较矮小，里外双门的痕迹犹存。排烟道上方凿有放置雨搭的"人"字形刻槽。有炕的洞窟是居室，炕宽可容二人。共发现 56 处炕，估计当时成人人口应在

古崖居洞窟
内的马槽，里
面为一套间

97—114 人。炕内凿有火槽连接灶台和烟道，石炕上铺设石板，部分
保存较好的石板上还遗存炕泥，在一些高层居室中甚至还装有下水
道。有马槽的为马厩，一般可容四五匹马。最大的有 20 多平方米，
小的仅为 3—4 平方米，估计总计可养 40—50 匹马。

　　一座位于中区西侧崖壁的洞窟建造得相当豪华：可分为上下两
层，共 8 个洞室。下层平面呈"凸"字形，面阔最宽达 11 米、进深 8 米、
高 3.6 米。"大殿"前出廊，由 2 根粗大的岩柱支撑。洞窟后部凿成
神龛，龛前有摆放供桌的凹槽。主室两侧有石炕。最有特色的是在
北侧耳室内的灶台上还凿有供安置"暖坛"（靠灶内的余温加热，
随时取温水用的容器）用的石窝，这种设施目前当地农民家中仍在
使用。这处估计为首领的住所或集会祭祀之地，当地人称之为"官
堂子"，意即当官的人开会的地方。

被当地人称
为"官堂子"
的首领居室

　　历史文献中，没有任何与这些洞窟相关的记载。洞窟的墙壁上
只有凿痕，没有文字或图画，屋子里空空荡荡。考古人员如同面对
一座空城，一切与原来主人相关的证据都消失得无影无踪。

　　洞窟内的高度一般为 1.5—1.8 米，深为 1—6 米不等。洞窟之中，
火炕的长度很不一致，有 1 米多的，也有 2.4 米的，但是，大多数的
宽度都在 1.6 米左右。

　　由洞窟的高度与火炕的宽度可以推测：古崖居的主人平均身高
在 1.6 米左右，如同"小人国"。即使不是住人而是养马，马也不可
能是高头大马，大概也只能养川马一类。

　　考古人员还发现了一个很有意思的现象：房间都是坐东向西。
这很不合常理。古崖居的建造者，身处北方如此之冷的环境下，居

然舍弃了阳坡，而把房子盖在了背阴处，的确让人很难理解。

测量火炕的结果，又有了一个意外的发现：火炕的分布不平均，前山与后山差别很大。前山洞窟面积比较大，但都没有火炕，而后山火炕、马圈都比较齐全。因此，前防御、后生活，分工明确。

最不可思议的是，古崖居整个山体都是花岗岩石结构，古人使用铁质工具，如何能把这一整座石头山开凿成一幢"大楼"？即使是对于愚公，恐怕也是不可能完成的使命，更何况愚公移山只是个传说。

专家们估算，古崖居的总开凿量有 3000 立方米到 4000 立方米，起码需要 100 人不间断地开凿 5 年，才能把山体变成现在的壮观洞室群。

考古人员在古崖居周围继续调查走访。终于，他们又有了一个兴奋的发现：形式相同的洞窟远不止古崖居一处，周边至少还有七八处。不过，它们的规模都要小，有数间，亦有数十间者。窟内同样没有遗留的物证。

用途与年代

对于古崖居的用途，研究者们有的认为它是古时屯兵之所，也有判断其为西奚族居住地、逃荒避难所等多种说法，莫衷一是，因为没有足够的证据而难成定论。所以古崖居洞窟被称为"千古之谜的人文遗迹"。

据明代《隆庆志》记载：在州城（隆庆州城，今延庆城）西北黄家山中（有全真洞），其洞有四，皆人力所为，凿痕俱在。各有石床、石凳。今全真道人沈始阳居焉。另据该志记载：黄家山，在州城西北三十里，中有全真洞。现在河北省怀来县与延庆接壤处有黄家冲村，村北不远的山谷中便有四座洞窟，开凿工艺与古崖居相似。这与史书记载很接近。说明这里便是明代的"全真洞"，至少可以证明在明代或明代以前洞窟就已存在，只是被后人改做他用了。

通过考古发掘和史料分析，初步推断这些洞窟约开凿于唐代，最晚也不会晚于元代，辽金是主要使用时期，主要用于居住、储藏和宗教活动。

《新五代史》记载，唐代末年，一支原本在西拉木伦河流域活动的古老游牧民族——奚族，苦于契丹苛虐，在奚王去诸的带领下，族人西迁妫州北山。他们以麝香、人参等土特产贿赂幽州节度使刘守光以自保。妫州就是今天延庆一带，北山即军都山。一些学者认为，奚人以游猎为生，为了栖身，在山上凿出了像屋子一样的东西。"官堂子"就是去诸的王帐。妫州山南有平原，适于农耕种植，一年一种，可以收获。奚人在北山生活了大约 30 年，之后被契丹发现，强行遣返东北老家。昔人已乘黄鹤去，此地空余古崖居。

另有一些学者则持不同意见。他们认为，洞窟数量虽多，但绝大多数却没有供人居住的设施，只有极个别的有石床。至于"马厩"，也是存疑的。因为马不善于登高攀岩，不适于崖洞穴居，如此浩大的工程，绝无必要为圈马而开凿。而且，方圆几里范围内不曾发现任何与奚人有关的墓葬。显然，洞窟的主要功能不是住人，而是用来储藏物品。

他们认为古崖居是官方的仓库。理由是开凿如此之多、规格一致的石洞必有极为严明的组织纪律和统一行动，显然，不论是少数民族还是汉族民众都不具备这种条件。其次，开凿如此大规模的石洞群必需数量极多的铁器工具，这也是少数民族和汉族民众都不具备的。还有，开凿石窟需要巨额的经费支出，这也是普通民众所不具备的。

仓库的用途是什么？首先，远离都市的深山之中，难以存放贵重的物品，金银珠宝放在这里，一旦丢失，损失惨重。其次，存放的物品易于腐烂，不能埋入地下，只能开凿防潮功能较好的石窟来存放。最后，存放的物品必然体积庞大，才需开凿如此之多的石窟。由这三点综合来看，最大的可能就是粮食。因此古崖居是唐朝中央政府的杰作——超级粮仓。

唐朝政府在幽州驻扎有大量的驻军，曾经为驻军从漕运和海运输送过大批粮食等军用物资，而幽州城里却没有建造大规模的仓库。延庆是当时驻军的重镇之一，也没有大规模的仓库。驻守幽州和延庆等城堡的九万军队的粮食只能存放到古崖居及其周围的类似石窟之中了。

还有人认为与古代驻军有关。北魏郦道元的《水经注》卷十四写道："耿况迎之于居庸关，……溪之东岸有石室三层，其户牖扇扉，悉石也，盖故关之候台矣。"从这段文字看，东岸有三层石室，门与窗均为石头所制，与今日的古崖居，几乎是相似的，只不过随着时间的流逝，石窗与石门已不复存在。"关之候台"说明石室是给守候烽火台的军队使用的。

著名建筑考古学家杨鸿勋教授则一直怀疑古崖居是汉朝边关士兵居住的军营。他在一处山顶发现了一段南北长 135 米，东西不足 50 米，高约 3 米的依山势而建的残墙。由于三面环山，站在城墙上，正前方的平原尽收眼底，所以是瞭望敌情的最佳地点。在残墙不远处，还发现了一处烽燧（烽火台）灶坑遗迹。

根据残墙的规模、样式以及灶坑，他断定这里就是汉朝的烽火台遗址。而据烽火台东侧一些类似古崖居风格的石窟，杨教授则肯定了自己的推断，那就是这里的烽火台与古崖居实为一体，是当年汉朝边关的一处战略要地，而古崖居则是边关士兵居住的军营。按照这一说法，古崖居的建造历史将前推 800 年。

但是，古崖居的位置与"溪之东岸"不符。是郦道元记述有误还是当时地貌如此？也是无从得证。

重在保护

尽管对于古崖居的性质和年代还有不同的声音，但它确实是北京罕见的文化遗产。由于它不同于常见的土遗址或木建筑，对它的保护也采取相应的特殊手段。

洞窟开凿于沙砾花岗岩石上，石质疏松，颗粒粗糙，加之人为因素的破坏，部分洞窟外侧岩壁酥粉严重，用手稍触即有沙石剥落。

2005 年，"人文奥运"文物保护项目对古崖居遗址进行第一次大规模保护修缮工程。

文物部门在遗址区内进行温湿度、风向、风速的监测，以及降水酸碱度的检测等基础性工作。又请来自德国、美国和中国的三家专业从事石质文物保护企业的专家，寻找与洞窟石质相同、风化程度相近的非文物遗址地点做了多处小面积的化学保护实验。通过实验取得的数据，寻找到一种最适合遗址区石质、成本较低、保护效果好的化学药剂和保护方法，可以最大限度地减缓风化程度，得以长久保存。

怎么样，朋友，何不来欣赏神秘的古文化和优美的自然风光呢？

原载《北京青年报》2013 年 5 月 17 日

矿石百炼化铁钢
——延庆大庄科辽代矿冶遗址群

延庆，北京西北。深山之中，居然还隐藏着一座座千年之前的炼铁炉。它们是怎样被发现的？钢铁是怎样炼成的？"中国好炉子"好在何处？

意外之喜

2006年9月的一天，一群"驴友"跑到位于延庆区东南部的大庄科乡水泉沟村开展户外探险。此地青山绿水，风景绝佳。村子里的支书听说来的人里有文物干部，就随口说起他家盖房子时发现过一座2米多高的残"窑"，但不知是烧啥的。同样的"窑"村里还有七八座。有人说是烧砖的，有人说是烧炭的，但都不确定。

因为大庄科乡有很多明代的长城，于是人们一开始推断这些"窑"可能是专门为修长城冶炼铁器的高炉，并介绍

水泉沟考古现场

水泉沟村的
辽代冶铁炉

了他们的发现。几位专家在媒体上看到新闻后，冒着大雪到了现场。

　　虽然盖着雪，但专家们还是一眼就认定这是一座古代炼铁的炉子，喜悦之情溢于言表。随着调查范围的扩大，除了水泉沟村外，在大庄科乡的其他地点也发现了很多冶铁遗迹和矿产遗迹。至此，大庄科乡的古代矿冶群揭开了神秘的面纱。应该说，这次发现是村民的文物保护意识、文物部门的敬业尽职和专家们敏锐的学术嗅觉共同的结果。

　　文物部门经过全面的调查和持续的考古，确定这些炉子属于 1000 多年前的辽代。大庄科矿冶遗址群是目前国内发现的辽代矿冶遗存中，保存炼铁炉最多，炉体保存完整程度最好的冶铁场所。由于这一发现填补了北京考古类型上的空白，所以被评为"2014 年度中国十大考古新发现"之一。

"中国好炉子"

　　水泉沟村的辽代冶铁炉有圆形大炉和方形小炉两种，其中的 3 号炉是国内迄今唯一发现的具有完整圆周结构的冶铁炉。它采用单风口倾斜向下鼓风，炉身内收明显，有明显的炉身角、炉腹角，其收口式结构符合常规设计。同时由于炉身的收缩程度明显大于辽代之前的夯土竖炉，所以更好地起到了保温作用。

3 号冶铁炉

3 号冶铁炉的鼓风口

3 号冶铁炉的炉壁

这种圆形竖炉可以在尽量低能耗的条件下，通过受控的炉料与煤气流的逆向运动，高效地完成还原、造渣、传热及渣铁反应等过程，得到化学成分和温度较为理想的生铁，供铸造、炼钢等下一步工序使用。总之，3号炉体现出的是设计合理的炉型，科学的配料、鼓风技术，从而合理地控制炉内气流分布。另外，2号炉的双鼓风口结构也是考古中的首次发现。

炉前工作面供冶铁操作和临时存放生铁产品。炉后工作面用于堆放燃料和铁矿石。炉底部用经过细加工的耐火土填实，形成高炉基础。冶炼过程中加了白云石作助熔剂。

这样的炉子产量是多少？按照辽代炉容乘单位炉容产量可以得出，3号炉日产铁约1.2吨。一年以连续顺产5个月计，年产量约180吨。

虽然不是令人叹为观止的古代墓葬，也缺乏让人眼前一亮的珍贵文物，但这项发现是冶金考古、自然科技史领域的重要成果。这也恰恰表明了考古学的本质特点：不以挖宝为目的，而为复原古代历史而探索。研究人员采用针对性很强的手段和技术开展研究。

例如运用专业软件对炉内冶炼工艺进行数值模拟辅助分析，就是用计算机对竖炉内部状态进行数值模拟，包括均等透气性条件下的三维模拟、考虑软熔带整流后的全炉流场二维模拟、炉内温度场模拟等。在此之前，这项技术只有一位英国学者实践过。

冶铁实验考古根据 3 号炉的数值，按比例在山西新建了一座冶铁炉，并进行了冶铁实验，真刀真枪炼了几把铁，对炉内温度、鼓风、煤气实时监测并记录。

还有矿石的科技分析、冶炼技术的研究等——研究的结果表明辽代工匠已经很好地掌握了耐火技术和渣铁分离技术。

炼铁的原料从哪来？研究人员在大庄科乡 127 平方千米的范围内发现了 5 处矿山，开采铁矿石的矿洞及露天采矿遗迹分布在山脚及半山坡范围

1 号冶铁炉

2 号冶铁炉

内，采矿洞口清晰可见，甚至有的矿洞不久前还在使用。当地丰富的原料想必是辽人在此炼铁的原因之一，就地取材应该是当时最主要的原则。

矿山周边水流通畅，丰富的水资源不仅为矿石的运输提供便利，同时也为冶炼过程中的用水以及矿冶管理机构、冶炼工匠的饮用水源提供了便利。

炼铁的工匠住在哪？考古人员在炼铁炉东北约 100 米发

4 号冶铁炉

房屋遗迹

掘出了大量房址，它们很有可能就是当时冶铁工匠们居住的地方。其中一座房子内，还令人惊讶地发现了一小罐满满的已风干的油脂。专家推测可能是冶炼时为防止烧伤用的獾油，也可能是做饭用的油。

炼铁的燃料从哪来？孢粉分析表明，辽代的大庄科地区广种栗树。这些栗树可以在冶铁过程中提供充足的燃料。后唐节度使石敬瑭图谋称帝，为取得契丹支持，割让燕云十六州。在《契丹图志》的《晋献契丹全燕之图》中，儒州（今延庆）北部描绘着茂密森林，并注明"松林广数千里"。孢粉分析还说明，辽代之前，这里的主要树木是冷杉。相对于冷杉，栗木在燃烧时能够提供更猛的火力，更适于做燃料。除了质优，量大恐怕更是辽人选择大庄科作为冶炼基地的重要原因。根据推算，当时每产1吨铁需要木炭6—8吨，这无疑需要大量的燃料。当时的大庄科植被茂盛，燃料自然不成问题。而日后这处遗址的凋零，可能也和燃料用尽有关。

铁炼完了怎么办？专家们在当时的路面上发现了10条车辙。道路向内连接冶炼炉，向外通往其他矿区。铁炼好后，用车、船集中运输，统一铸造应该是它们的流向。

在水泉沟遗址中，专家还惊喜地发现了两种炒钢炉。其中一种是在冶铁炉旁边直接炒钢，将炉渣倒入炒钢炉，这种就近炼钢的方式可以减少能源和物料消耗，是一种先进的炒钢工艺。在水泉沟的考古发现之前，这种钢铁联合生产的最明确证据来自明代末年宋应星《天工开物》中的记载。这一发现从实物角度将中国的钢铁联合生产至少提前了约500年。还有一种是独立炒钢，即把铁渣运至远一些的炒钢炉中再炒钢。

《天工开物》中展示
的联合炒钢工艺

独立的炒钢炉

辽代的"首钢"

有辽一代，冶铁在手工业中占有非常重要的地位，朝廷设置户部司专门管理铁矿的开采与冶炼。"契丹"的本意就是镔铁的意思，也有坚固之意。辽代冶铁以镔铁最为著名。镔铁是一种精炼的铁，近似于钢。辽国作为一个北方游牧民族政权能够与代表当时最先进文明的宋国分庭对峙 160 余年不落下风，且席卷欧亚草原，强大的铁器是它的重要工具。

早在唐朝时，东北地区的渤海国人就擅长冶铁。辽国建立之前的契丹人最初的冶铁技术是从渤海国传入的。建国之后，由于渔猎和战争所需，加之辽国统治范围内铁矿资源丰富，朝廷对冶铁业极为重视，辽国的冶铁业迅速发展。

辽国征服渤海国后，遂使原渤海国的冶铁地区成为它的主要冶铁基地，现在东北著名的鞍山铁矿在辽代就得到了大规模开发。辽国皇帝耶律阿保机把许多有冶铁专长的渤海俘户安置在上京道长乐县（今内蒙古自治区赤峰市林西县），使其发展成为有千余户冶铁纳贡的冶铁中心。为了保持技术上的先进性，还专门掠夺了一些汉族工匠为辽国冶铁，这和现在大力吸引优秀的专业技术人才、科技兴国是一个意思。

辽国先后建立了五个国都，史称"五京"，北京是其中之一的"南京"。从此，北京从中原王朝的边疆重镇一跃成为北方游牧民族政权的陪都，揭开了它历史上崭新的一页。

大庄科矿冶遗址群所在区域处于宋辽之间的战场前沿地带。这些冶炼炉可能是生产兵器等军用产品的"兵工厂"。它们还是冶铁技术自中原地区向边远地区交流与传播的证据之一。因为辽灭国以后建立的西辽国，就是中国古代生铁技术向西方传播的重要力量之一。

《辽史·食货志》中记载："太祖征幽、蓟，师还，次山麓，得银、铁矿。命置冶。"翻译成白话就是：辽太祖耶律阿保机到幽州、蓟州打仗，班师的途中，在山根下面发现了银、铁矿，便命人开发。这和大庄科的情况何其相似！因为大庄科地处燕山余脉中，且也发现了银矿。《辽史》在《二十四史》中素以简略著名，但近年来的多项考古发现证明，虽简可信。所以虽然不能说《辽史》中上述记载的就一定是大庄科，但可以说大庄科辽代矿冶遗址群的发现印证了文献上的记载。

伟大的科技成就

铁器时代，是继青铜时代之后，人类发展史上一个极为重要的时代。中国早在商代就出现了最早的铁器，春秋战国时期正式步入铁器时代。汉代和宋辽时期是中国古代冶铁技术取得突破性进展的两个重要时期。这期间炉型演变与鼓风技术、筑炉材料以及木炭强度方面都较前一个时期有所进步。

钢铁不光在生产生活中有着重要的作用，更重要的是，在冷兵器时代，它是军事实力的核心竞争力之一。即使现在，钢铁总产量仍是衡量一个国家工业水平的重要指数之一。

生铁是中华民族最伟大的发明之一。中国在进入铁器时代之初就能够冶炼和使用生铁，并于战国至秦汉时期形成了以生铁冶炼为基础的一整套钢铁冶金技术体系。从战国时期开始，中原先进的冶铁技术不断向周边地区传播，成为华夏各民族进步的强大物质基础。

故宫博物院前院长、著名考古学家张忠培教授一直关心这项发现，他评价："大庄科矿冶遗址群不是仅仅发掘了几座冶铁炉，而是发现了从采矿到冶炼的遗迹，并且找到了冶铁工匠工作、生活、居住的地方，遗址类型比较系统、丰富，取得了重要成果，填补了辽代冶铁史的空白，具有重要意义。""在全国已发掘的辽金时期的冶铁遗址中，这处冶铁遗址的规模也是很大的，尤其是冶铁炉保存的完整程度是最好的。铁器生产的产业链十分庞杂，简单说来，基本上包括采矿、冶炼、铸造、运输和进入到使用时的社会配置这几个社会流程的环节，同时包括采矿、冶炼、铸造环节中的技术、技术流程与分工，以及由分工产生的组织、管理及其制度。考古工作思路按照从采矿到冶炼生铁的过程进行，通过发掘工作展现了冶铁者的工作、生活情况。可以看到，考古队在对采矿、冶炼、铸造技术及工艺，以及矿冶遗址、居住遗址及其墓葬的调查、勘探与发掘的基础上，走向铁器产业的研究。"

大庄科辽代矿冶遗址群遗迹类型系统、丰富，填补了冶金史和辽代考古的空白。所以，这处辽代冶铁遗址的保护与展示将成为2022 年北京冬季奥运会举办地之一延庆的新名片。

原载《大公报》2018 年 1 月 31 日

金碧翠飞 壮丽宏伟——

金中都遗址

"幽幽鬼城，颠倒众生。冥冥修罗，为谁摆正。"徐克电影《狄仁杰之通天帝国》中，描述了一座在繁华的唐代洛阳城下，埋藏着的北周时期的城市——鬼市。鬼市阴森恐怖，给人留下深刻的印象。

实际上，现今北京二环路的西南区域，也埋藏着一座古代的城市。它不像后来的元代大都城还留有土城垣残迹可供剖析，也不像明清北京城尚保存有砖的城墙可供观瞻，但它开创了北京成为统一多民族首都的新纪元。这就是至今已有868年的金中都。

定鼎中都海陵王

金朝是东北地区的少数民族女真族建立的王朝，共传9帝，国祚120年。其祖源于白山黑水间的靺鞨部落，相传取"金"为国号是为克敌国"辽"（辽为镔铁之意）。

女真原为辽朝臣属。但辽天庆年间，金太祖完颜阿骨打统一女真诸部后起兵反辽，于 1115 年立国，并先后灭掉了辽和北宋。1234 年，金国在南宋和蒙古南北夹击下覆亡。

金朝鼎盛时期疆域辽阔，包括今天的中国淮河北部、秦岭东北大部分地区和俄罗斯的远东地区。

金朝于 1125 年攻占了燕山府（辽代南京城，今北京市）。天德元年（1149 年），海陵王完颜亮上台后，一心仰慕汉人文化的他要将都城由上京会宁府（今黑龙江哈尔滨）迁到北京。于是 1151 年颁布《议迁都燕京诏》，在辽代南京城的基础上扩建新城，征用了民夫 80 万人、兵夫 40 万人，而当时金中都内的居民才 60 万人。筑城的土来自涿州。工人们从涿州到北京站成一条人体传送带，把装满土的筐传到北京，再把空筐传回涿州装土。由于工期短促，奴役残酷，疫病频生，把当时北京五百里以内的医生全征用了。主管大臣张浩还用自己的工资为役夫买药，买棺，以葬亡者。建设历时两年，竣工后，完颜亮正式下诏迁都，并将这座城市命名为中都。不得不说，用两年时间建造一座首都型城市，在中国古代是不可想象的。相比之下，元大都的兴建用了 18 年，明北京城用了 15 年。所以是金人最先创造了中国速度。

从此，北京正式成为统治北中国的政治中心，也是北京成为统一多民族国家首都的开始，而在此之前的辽南京，是辽的陪都。此后，又经过元、明、清三代的踵事增华，至今已有八百余年。

提到金中都，就不能不说它的总建设者——金代第四位皇帝完颜亮。有一位他极其尊重的叔叔可能比他更有名。没错，就是金兀术，不过人家大名叫完颜宗弼。

完颜亮年幼之时，曾随爷爷完颜阿骨打到过汴京（今开封）。那巍峨的宫室、棋盘式的街道在幼小的完颜亮心中留下了深刻的印象，或许这就是他日后迁都的梦想之源。

完颜亮对汉文化极为推崇。少年时就写下了"万里车书一混同，江南岂有别疆封？提兵百万西湖上，立马吴山第一峰"的伐宋统一全国的雄心壮志。他的迁都之举，使得金国统治的政治中心由东北一隅直接跃居到北方汉人居住的地区，便于南下对中原一带的控制，更重要的是，也摆脱和打击了女真族的旧势力。

为了完成迁都大业，海陵王煞费苦心，大造舆论。一日，他突问大臣："我栽种的二百棵莲花为什么没有活？"臣子们深知主子之意，便答："自古江南为橘，江北为枳，非种者不能栽，盖地势也。上京地寒，燕京地暖可栽莲。"于是，就有了北京西站附近的莲花池。

为了坚定迁都的决心，具有铁一般意志的海陵王连祖坟都带到了北京，这就是现在房山的金陵区。金帝陵从黑龙江迁移到北京，是中国历史上规模最大的一次帝王陵"搬家运动"。

金中都坊巷结合的格局在中国古代都城建造史上并不多见。它规划有致，以街市繁华、结构华美、宫廷宏伟、苑囿优雅著称。"延亘阡陌，上切霄汉，虽秦阿房、汉建章，不过如是。"可惜，如此辉煌和壮观的金中都仅存在62年便被蒙古军队放火烧毁，再经数百年沧桑，地面建筑片瓦无存。

金中都既继承了唐幽州和辽南京的旧的城市规制，又模仿了宋汴梁城的新的城市建制。这种新旧两种城市规制并存于一座城市之中的情况，正是中国古代封建城市规划由中期转到后期的特点。由

于金中都重要的学术地位，学者们一直对其抱有浓厚的兴趣。自 20
世纪 40 年代起，先后有王璧文、阎文儒、徐苹芳、赵其昌等众多知
名学者对遗址进行调查、测绘和勘探。特别是阎文儒先生绘制了第
一幅金中都考古草图，徐苹芳先生厘清了金中都的中轴线布局。

如果说，以上这些考古工作都是初步了解了金中都的分布范围
的话，那么对城垣、城内宫殿区和城内外水系的规模与位置等关键
问题的掌握则是进入 20 世纪 90 年代的学术进步。

卷辇水窗古水关

金中都内最重要的考古发现有两项：一是大安殿，二是水关遗址。

根据记载，大安殿是皇宫正殿，面阔是规格最高的 11 间，建在
有 14 级台阶的 3 级月台上。大安殿基址发现于现广安门外滨河公园
南部，夯土层厚就有 5 米，分层夯筑，夯土中夹杂有大小均匀的砖块，
用以坚固基础。可想而知，建于之上的宫殿自然是稳若磐石。

辟邪是中国古代传说中一种能驱邪的神兽，它头上有独角，口
半张，含有一颗铜珠，四肢粗壮，肩部有飞翼，尾部似祥云外卷。
亦动亦静，威武雄姿。它应该是金中都宫殿中幄帐上的装饰部件。

但这东西应该有一对才对，它的兄弟去哪了？河北某博物馆内
也收藏有一件一模一样的铜辟邪，是由公安部门移交的。原来是村
民某某，在北京广安门地区施工时发现这件文物后，卷回老家出售，
被当地公安部门抓获。这件是否是金中都那件的"兄弟"？就不得
而知了。

考古发掘为金中都的位置断定提供了科学和准确的依据。著名

历史地理学家侯仁之院士撰写了《北京建都记》，于 2002 年 7 月 30
日立碑于今北京广安门外滨河公园南部，"刊石于金中都大安殿故
址之前"。

金中都共有 7 座水关。它们是中都城内进水的要道，既是必要
的市政生活设施，也是必要的军事防御设施。发现的水关位于金中
都景风门西侧的城垣下，现在是丰台区右安门外的玉林小区，与城
外的凉水河 (当时是金中都的南护城河) 相通。这是一条重要的线索，
表明水关之北必然有一条河。金中都城内的水，从北向南经过水关
流入城外的护城河。所以，水关的北部为入水口，南部为出水口。

水关遗址主要由城墙下过水涵洞底部的地面石、洞内两厢残石
壁、进出水口两侧的四摆手及水关之上的城墙夯土四部分组成。它
全长 43.4 米，平面呈"] ["形，南北向，南距今凉水河 50 米。
过水涵洞长 21.35 米，两厢石壁宽 7.7 米，出水口和入水口分别宽
12.8 米、11.4 米。进出水口及泊岸两侧设有摭石桩。底部过水面距
现地表深 5.6 米。

水关是木石结构的建筑。它的建造过程是这样的：最下层密植
木桩，桩之间用碎石、碎砖瓦及沙土填充夯实；木桩之上放置排列
整齐的衬石枋，衬石枋上又铺设地面石；衬石枋与枋下的木桩使用
榫卯结构相连接，衬石枋之间用木银锭榫相连接，衬石枋与石板以
铁钉相连，石板之间用铁银锭榫相连；上下相叠的石板则在中间凿
孔，再用木桩像穿糖葫芦一样把石板穿起来。做成后，叫作"铁 (木)
穿心"。木桩、衬石枋、石板紧密相连，整体坚固。

水关工程浩大，用了约 1800 根 1—2 米长的柏木桩 (柏木木质
细密，不易腐朽，是我国古代建筑常用的材料)、至少 530 立方米

衬石枋和木银锭榫

的青色成材石料、至少 2500 个铁银锭榫，由此而需用人工的数量可
想而知也十分可观。它的底部建筑结构是现存中国古代都城水关遗
址中体量最大的。

中国第一本详细论述建筑工程做法的官方著作——北宋的《营
造法式》中专有一章述及水关的做法。金中都水关的发现同其记载
的"卷輂水窗"的规定一致，是研究古代排水设施的重要实例，可见，
海陵王在建中都时是不遗余力效法中原的。它耐住了多年水流的冲
击和上面高大城墙的沉重压力，充分反映了我国古代水利设施的成
就和高超的大型建筑水平。

遗址变馆有珍藏

　　水关遗址现世后，受到各级政府和专家学者的重视。1990年全国首次开展十大考古新发现的评选，水关即入选其内。为了保护这一遗址，建设单位让出了两个单元楼的地方。北京市政府于1990年12月举行的北京市政府第28次常务会议作出了建立辽金城垣博物馆的决定，进行原址保护。1995年5月1日，博物馆正式开馆。

　　这座青灰色外墙的博物馆中收藏有不少辽金时期的珍贵文物。例如立于金大定七年（1167年）六月二十一日的吕徵墓表。墓表出自金中都南护城河的淤沙中，为汉白玉质，基座为两层实为一体的正方形，下大上小，再上为方长柱表身，表顶冠以四阿重檐盝顶盖

辽金城垣博物馆

石两方，四檐雕仿木椽状，檐角略起翘。表高 2.8 米，表身边长 0.56 米，四周满刻楷书，记述吕徵之生平、卒年、功绩、先考等情况，称吕家乃"豪族"。题目"吕君墓表"四个篆字由当时著名的文学家、书法家蔡珪书写；楷书正文则由另一位著名书法名家任询撰文并书写。北京发现的墓表较少，金代的书法作品传世也不多，因此这件墓表是不可多得的艺术精品。

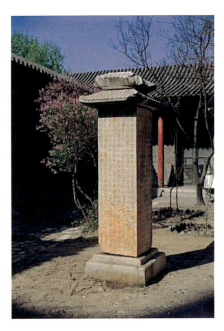

吕徵墓表

辽代的很多瓷壶模仿契丹民族使用的各种皮囊容器。这种扁平或矮体器身的瓷壶因为顶部有板平的云头形或满弓式提柄，与流（嘴）连接很像公鸡的顶冠故名"鸡冠壶"，是辽代瓷器的代表性器物。鸡冠壶因又形似马镫，也被称为"马镫壶"。这种器物便于携带，适合骑马射猎的生活需要。

图示这件鸡冠壶壶身呈扁

辽代鸡冠壶

状，高身圈足，口无颈，高环梁。黄白胎施淡绿色釉，釉色细腻。高 34 厘米、腹径 17 厘米、底径 10.7 厘米。环梁作鸡冠状，器身贴塑串珠纹仿皮带装饰，串珠釉色似翡翠。整件瓷器粗犷、雄浑又不失精细。

原载《大公报》2017 年 10 月 25 日

色白花青 凤舞牡丹——

元代青花凤首扁壶的现身经过

众所周知，元代青花瓷是我国陶瓷史上的一枝奇葩。它以鲜明的视觉效果，将青花绘画艺术推向了顶峰。作为元青花瓷器代表的北京凤首扁壶，它的形态有哪些特点？如何被发现的？又是如何获得"新生"的？

富丽雄浑元青花

"素胚勾勒出青花笔锋浓转淡，瓶身描绘的牡丹一如你初妆。冉冉檀香透过窗心事我了然，宣纸上走笔至此搁一半……"

2008 年春节联欢晚会上，周杰伦的《青花瓷》掀起了一股青花潮流，唤起了世人对青花瓷的关注。

青花瓷是以氧化钴为着色剂的釉下彩瓷，在我国陶瓷史上占有重要地位。人们把青花瓷比作瓷器舞台上的青衣，素雅高洁、蓝色纯净。蓝色的花纹与洁白的胎体交相映衬，宛若一幅传统的水墨画。

学术界一般认为，青花瓷起源于唐。近年来，青花之风大盛。文艺作品中除了《青花瓷》，还有周传雄的歌曲《青花》，赵雅芝、斯琴高娃等主演的电视剧《青花》等。红星二锅头等酒类也用上了青花瓷的复古包装。

元代（1271—1368 年）北京，时称大都。这是北京成为全国大一统政权政治中心的开始。

元青花是华夏文明、伊斯兰文明与蒙元文明三者融合的结晶。它把农耕文化与游牧文化巧妙结合起来。但是，完整的元青花瓷器很少。据不完全统计，国外有元青花藏品 200 余件，主要分布于土耳其和伊朗，少数分布在德国、英国、日本及东南亚等地。国内收藏的元青花完整器约 100 余件。物以稀为贵，2005 年 7 月 12 日，伦敦佳士得举行的"中国陶瓷、工艺精品及外销工艺品"拍卖会上，"元青花鬼谷子下山图罐"以折合人民币约 2.3 亿的价格，创下了当时中国艺术品在世界上的最高拍卖纪录。

如今的北京地铁 10 号线的北土城站，是当年元大都的北城垣位置之所在。所以这里的地铁站台采用青花瓷作为装饰元素，既发掘了元大都的历史内涵，又介绍了古人灿烂的文化。可谓别具一格，令人耳目一新。

唐青花和元青花有无直接的联系，尚在讨论之中。元青花中，又以"至正型""延祐型"等最为典范。所烧瓷器主要有两类：一类器形高大，纹饰繁密，如大盘、大罐、梅瓶等，多发现于西亚地区，具有浓郁的伊斯兰风格。另一类器形小巧，纹饰疏朗，为元代宫廷及贵族使用，元大都出土的元青花均为此类。

风格独特凤首壶

　　首都博物馆 4 层西区的古代瓷器艺术精品展厅中的景德镇窑元代青花凤首扁壶现为国家一级文物。壶呈扁圆形，小口，矮圈足。底足在沙胎上挂一层很薄的护胎釉。

　　扁壶构思别具匠心，以昂起的凤首为流（嘴），卷起的凤尾为柄（把）。首尾结合，成为一只飞凤的整体。

　　在纹饰上，它以蓝色绘出全身，色浅淡亮丽。壶身以大片的青花勾画凤身，布满整个肩部。壶体中心是扑翼的翅膀，充满动感。颈部绘回字纹，技法十分随意洒脱。壶身下部是缠枝莲牡丹。整壶呈现一种凤鸟飞翔于牡丹丛中颇富情趣的情景。白地蓝花，色彩鲜艳，清新雅致，主题突出，更增添了几分艺术感染力。此类飞凤牡丹纹饰在宋代定窑、耀州窑、景德镇窑中经常使用，元、明、清三代久盛不衰。

　　用凤首、凤尾构成壶的流和柄——以这种立体表现手法与壶体平面绘画的凤身有机的结合，融实用与美观于一体。

　　制作工艺是多种方法结合的。壶流为模制成型，壶柄为捏塑成型，壶体采用雕镶成型法，最后拼成整体。

　　这种造型是晋唐盛行的鸡首壶和北方游牧民族的皮囊壶的结合：壶嘴仿鸡首壶嘴，做成昂首的凤鸟头状，小口短颈，凤头飘洒的颈毛塑成镂空；腹身仿皮囊壶形，为扁圆形；壶柄盘曲呈凤尾状，与壶嘴，做出支撑相呼应，十分自然。

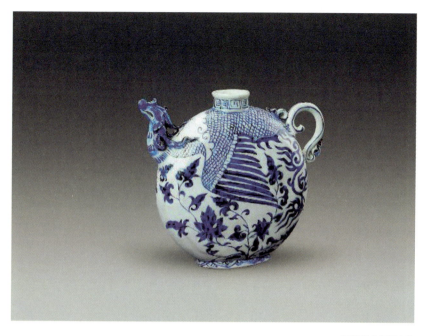

旧鼓楼大街出土的
元青花凤首扁壶

　　除首都博物馆的这件外，新疆伊犁哈萨克自治州博物馆也藏有一件类似者。两者不同之处在于：前者器身的纹饰略大，而后者的纹饰略小；前者青花酣畅淋漓，而后者青花略有晕散；前者出土于北京，而后者出土于万里之外的新疆。

　　青花之美，犹如雨后初晴。但青花瓷器现身的过程，却不一定如它的画面那么清新典雅。伴随着的，往往是考古人员的辛勤与汗水。例如这件凤首扁壶，当观众们在明亮的展厅中静静欣赏它时，谁能想到，它竟然是从土中筛出来的！

历尽磨难重生路

1970 年初，北京市文物管理处的考古人员正在单位政治学习，突然接到一名铁路巡道工人的反映，称北京市标准件四厂的工人在旧鼓楼大街豁口北城墙下挖土摔砖坯时，发现了"青花白地的瓷器"。

大家当时听到这个线索，第一反应就是"这事非常重要"。因为北城墙是明初洪武时期（1368—1398 年）修的，而这些瓷器压在城墙之下，"那地底的东西肯定要早于明代或在明代之初"，所以"一定得去"。

工作人员赶紧向当时的军宣队负责人请示去现场。然而，在那个特殊的年代，得到的答复是："你们这些挖坟头儿的，一三五不抓革命，二四六拿啥促生产咧。"没办法，只好第二天再去了。而且，也只能允许在每周的二、四、六进行考古发掘。

第二天，赶到现场的工作人员惊呆了——由于晚来了一天，这批文物已经被当作"四旧"处理了，碎片就扔在两边的土堆里——而且是用大铁锤砸的！一位工作人员至今记得听完此消息后，另一位同事悲伤之情溢于言表的样子。

就是筛也得把它们筛出来！他们借来了两把铁锨和筛子，把土堆筛了一遍。清理之后发现出有瓷器的地方是一处窖藏。这座窖深不到半米，上面覆盖着一件瓦盆，窖里还有一些碎瓷片。大家把所有能找到的碎瓷片搜集在一起，用了 3 天时间把倒掉的土又仔细筛了一遍，找回不少已被工人砸碎的瓷片。

他们把拣回来的碎瓷片装在箱子里用自行车驮回了办公室，放在办公桌上。考古队的同事们你一片我一片帮忙拼对，有盘子、碗、盏托……最终复原出 10 件青花瓷器和 6 件影青瓷器。十几件中，最精美的便数这件扁壶了。

可是，48 块大大小小的碎片，最大的 13×6 厘米，如同巴掌大小，最小的仅 2 厘米左右，如指甲般大小，也只能拼出一半的扁壶，其余的部分只能由专家用石膏修补。由于大家都是考古人员而非专业修复人员，黏合并不精细，接缝清晰可见，大家开玩笑说，这是二凤的姐姐——大凤（缝）。在随后的 30 多年里，元青花凤首扁壶便以这残缺的样貌出现在书籍里、邮票上、展览中，依然引来无数惊叹。

此壶的资料在《考古》1972 年第一期首次发表后，我国邮政部门于 1973 年 11 月 20 日发行了一套"文化大革命期间出土文物"邮票，编号为 66—77。其中编号 66、面值 4 分的就是这件凤首壶。首都博物馆仿造其造型开发的挂坠、冰箱贴、耳环等文化创意产品也受到很多参观者的喜爱。

在当时具有时代烙印的考古发掘报告中，谈到这批器物时写道："这无疑是元朝统治者们在其行将覆灭、准备逃遁的时刻，匆忙埋藏的一批贵重赃物，充分暴露了剥削阶级贪得无厌的本性和他们妄图卷土重来的险恶用心。"

这批瓷器中，较完整的器物除这件扁壶外，还有青花盏托、青花云纹大碗等。

如何知道这些瓷器是元代的呢？

元代青花凤首
扁壶邮票

这是因为出土瓷器的窖藏被压在北京明代早期城墙之下，那它的年代肯定是早于明代早期。出土器物上面的文字又提供了年代的下限依据。

其中两件影青瓷碗的底部均有墨书八思巴文字，音译汉字为"张"或"章"。八思巴文是忽必烈命国师八思巴仿照藏文字制定的一种蒙古拼音文字，虽正式颁行于元至元六年（1269 年），但直到泰定二年（1325 年）才刻成八思巴文字的《百家姓》，并被元政府勒令在全国推行。因此，在瓷器上以八思巴文书写姓氏当在泰定二年以后，由此便可判定这批瓷器为元代晚期。它们为研究我国青花瓷器发展及断代提供了科学依据。在此之前由于资料稀少，人们常把元代瓷器认为是明初的。

到 2003 年，首都博物馆新馆筹建，特邀古陶瓷修复专家对青花凤首扁壶进行二次修复，业内称其为"展览级"修复。

扁壶虽然造型优美奇特、纹饰生动、釉色莹润，然而破损却相当严重，这件粘接后仅高 18.7 厘米的椭圆小壶，全身残缺孔洞达 17 处。于是专家对其残缺部位进行了重点"美容"，就是采用无色无味环氧树脂加填充料配腻子补缺，最后再用高分子油漆颜料喷涂底色、绘画纹饰。历经 13 个月后，这件镇馆之宝借助于现代高科技手段得以重生，再次展现在世人面前。

修复过程中，专家意外地发现，器物平放向前时，会倾斜 3 至 5 度。壶柄上方有一小环施釉不全，呈露胎状。也许这件国宝出窑后就存在此缺陷，才落得流散人间的下场。

若是周杰伦能知道 40 多年前这件青花瓷器的发现和 10 多年前修复的故事，他在唱"而我在等你"时，所表达的不仅是唯别而已的惆怅之等，也许还能有文物工作者对文物的守望与不弃吧？——
由此才有了青花不变的美丽。

原载《大公报》2016 年 7 月 6 日

明定陵是否有防盗机关

陵墓四壁,金刚墙,铁水铜汁浇铸……

机关暗布,飞刀、暗箭……见血封喉。

陷阱纵横,条石、翻板……毒气弥漫。

这些场景在探险电影和玄幻小说中屡见不鲜,真实的皇陵是否有这些防盗机关呢?

定陵,北京十三陵之一,埋葬着明代第 13 个皇帝朱翊钧和他的两个皇后。万历是他的年号,神宗是他的庙号。在位 48 年的他是明代统治时间最长的一位皇帝。定陵也是十三陵中仅次于长陵(明成祖朱棣的陵)的巨大陵园。

1956 年,为了学术研究,文化部文物局、中科院考古研究所、北京市文物调查组共同组成考古工作队,对定陵进行了考古发掘。

清理陵墓隧道时,发现了一块小石碑,上刻:"此石至金刚墙前皮十六丈深三丈五尺。"金刚墙,难道地宫的门是铜水浇铸的？第二年9月，隧道里的填土全部清理完，一道大明砖砌起来的金刚墙横在隧道的尽头，原来这就是金刚墙。墙中央，是一个"圭"字形的门。门上的砌砖，没有用灰浆浇灌，而是干垒起来的，使劲一拽就下来了。所以铁水铜汁并不存在。

一位憨直的民工听说鸡血可以避邪，能躲墓中所谓的暗器，还在开门前特意宰了两只公鸡。

城砖被抽出的一刹，一股黑色的浓雾从洞中喷射而出。紧接着又发出"哧哧"的怪声，一股霉烂潮湿的气味弥漫。不过别紧张，这不是毒气，而是地宫内三百多年积聚的腐烂发霉物质的气体。

待气体散尽，"圭"形门被打开了，地宫里面有没有毒气、飞刀、暗箭？

考古队先扔了只鸡进洞，但鸡叫着从洞口飞出来跑掉了。因为洞口亮，鸡不往黑处飞。无果的试验给未知的发掘更增添了神秘色彩。金刚墙上黑黝黝的洞口，深不可测，犹如猛兽凶残的嘴，正在静静等待送上门的猎物。

一位胆大的考古队员，背着大手电，从梯子进入地宫，外面的队员用绳子把他的腰捆上，以防不测。

进入之后，他用手电照，隐约看到地面上铺的是金砖（江南烧造的专门铺地的方砖）。不过还有一层黑乎乎的，不知是什么东西。后来才知道那是铺在地上的木板，已经腐烂。他小心用脚踩了踩，实的，不是传说中的翻板。陆续地，其他队员也下入地宫。

"有暗箭！快趴下！"不知是谁突然大喊一声，众人闻声纷纷扑倒在地。但等了一会儿，并无暗箭射来。大家拿着手电搜寻。在电光照射下，大家终于看清了暗箭的本来面目。原来是两扇汉白玉

明定陵的地宫

做成的石门，每扇大门雕刻着纵横九九八十一枚乳状门钉。在漆黑的地宫中，微弱的电光让它们看起来如同箭在弦上的弓箭。

进入大门后，又有人大喊一声"有飞刀！"众人把手电聚向他所指的门框上方，只见无数条亮晶晶的锥形物体悬挂在头顶，如同出鞘的宝剑，直冲地面。因为雾气缭绕，看不清真实面目。待到汽灯点燃后，不禁又让人哑然一笑。原来由于地宫封闭日久，内中充满水气，门上的青石在水气的侵蚀中碳酸钙逐渐溶解，随着水滴一点点流淌下来，日积月累，最终形成宝剑状的钟乳石。漆黑幽暗的环境看去，的确像是一排倒悬的飞刀，令人产生种种遐想。

地宫是由五座极其高大宽敞的殿堂联结组成的，全部是石结构。在地宫内发掘出了万历皇帝和两位皇后的汉白玉石神座及棺、椁等，座上有五供（香、花、灯、水、果）桌、万年灯（装满香油的大青瓷缸，里面有灯捻）。同时出土了大量随葬的精美金、银、珠、玉等物品。各殿之内，没有发现所谓防盗的各种机关。

定陵的发掘是新中国成立后，对帝陵的首次科学考古。1959 年 10 月，定陵被辟为博物馆，正式开放，成为北京标志性的旅游景点，每年吸引着大量的中外游客。

当迷信传说遇上科学，被击碎于无形。

原载《中国科学报》2013 年 6 月 21 日

抢救奔流的文明——
南水北调工程北京段中的考古

南水北调工程是一项从根本上缓解我国北方地区水资源紧缺的世纪性工程。早在 1952 年，毛泽东主席就曾提出南水北调的宏伟设想，"南方水多，北方水少，如有可能，借点水来也是可以的"。

半个多世纪以来，党中央、国务院对南水北调工程十分重视，在多次规划、设计和论证的基础上，形成了南水北调工程总体规划。

南水北调工程沿途穿越楚文化区、齐鲁文化区、燕赵文化区等中国古文化、文明的核心地区，分为西、中、东三线。涉及北京的是中线工程，它把湖北丹江口水库的水一路引向北方，经过河南、河北，进入北京。

南水北调中线北京段工程于 2003 年陆续开工建设，从房山区北拒马河进入北京境内，穿房山、丰台两区后北上，直至终点团城湖。这条路线全长 80 千米，需建设两条直径 4 米的地下管线，在北京境内穿越北拒马河、永定河等 32 条河流，贯穿京石高速公路等 24 条公路，施工难度很大。

因为要破土施工，根据《中华人民共和国文物保护法》第三章第二十九条规定："进行大型基本建设工程，建设单位应当事先报请省、自治区、直辖市人民政府文物行政部门组织从事考古发掘的单位在工程范围内有可能埋藏文物的地方进行考古调查、勘探。"为保护地下文物安全，确保工程按期施工，北京市文物局和北京市南水北调建设委员会办公室紧密配合，成立了北京市南水北调考古工作队。从 2002 年开始，就对地下文物集中的房山和丰台两区展开了细致的文物调查。

2005 年 7—12 月，考古工作队按照《南水北调中线京石段应急供水工程（北京段）拆迁占地平面图》，对拒马河至大宁水库之间，管线所经过之地进行了文物勘探。这次勘探采取的是全面普探，从最南端惠南庄泵站一路沿线北上，直抵终点。

勘探时采用了状如梅花形的"错列"普探方式。探孔之间的距离不超过 1.1 米，即每平方米 5 个探孔，并制定了《文物勘探技术规范》，对每一个探孔都进行了位置、深度、土层的记录，发现现象立即重点勘探，确保不漏探。南水北调北京段输水管线的勘探总面积达到 272 万平方米。

勘探的工具主要是探铲，用探铲垂直向下探取土样，并提取上来。每打一铲都看一次土样，以便随时了解土层变化及包含物。要一直打到生土层为止，北京段最深的地方要探到地下七八米深。根据土样的质、色进行分析判断，得出结论。如果这一地点有古代的文化遗存，在古代的土层中会有红烧土颗粒、炭屑、陶片、骨屑等和人

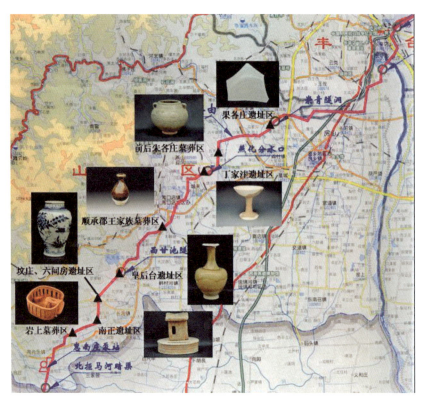

南水北调北京段
考古示意图

岩上墓葬区全景

类活动有关的遗物。

如果勘探中发现了古代遗迹，要随时进行记录、绘图，为今后的考古发掘提供准确的位置和范围。

勘探情况汇总后，考古工作队向施工部门提交了北京段 8 处需要进行发掘的地点，包括了岩上、南正、北正、六间房、天开、丁家洼等，全部位于房山区。

经过国家文物局的批准，考古工作队于 2005 年 11 月起，正式对上述地点进行发掘。

发掘之初，首先运用 GPS 对遗址点进行经、纬、海拔的定位，再按象限坐标法进行布方、编号，所布探方根据需要发掘的面积分为 10 米或 5 米间距不等，最后用全站仪进行测绘。全站仪是一种可以同时进行角度、距离的测量和处理的仪器，能极大提高工作效率。它通过建站、测点、生成点，可以直接在电脑中生成发掘区的总图。全站仪以往在工程建设上应用较多，而大规模用于考古发掘，在北京还是第一次。

南水北调的考古发掘，严格遵循《田野考古操作规程》，按照由晚到早、自上而下的方法清理文化层和各类遗迹；采用彩色正片、负片和数码片三种形式进行现场摄像；对每一处遗迹单位用文字、摄像、表格、图纸四种方法进行记录。

为了确保工作的科学性和规范性，考古队制定了《南水北调考古工作队队内管理制度》《工地管理制度》《文物安全应急预案》等制度；依据《田野考古工作规程》制定了《探方发掘记录要点》《灰坑发掘记录要点》《窑址发掘记录要点》《墓葬发掘记录要点》等技术规范。

发掘过程注重科技手段的应用。例如，对文化层中炭灰、人骨、红烧土块等样品进行采集，以便进行科学测定和分析。对于墓葬内出土的人骨，进行了性别、年龄、病理等方面的鉴定。对大规模的发掘区，运用氢气球、气艇等设备进行高空摄影。对年代较早的土样，用浮选仪进行浮选，浮选出的样品，进行植物考古的鉴定。其中对丁家洼遗址的研究是北京植物考古领域最早的一份研究报告，可以认定在春秋时期房山以种植粟和黍这两种谷物为主，但同时也种植大豆、大麻等其他农作物品种。

因考古发掘现场紧临村庄，围观者甚多，影响文物安全。考古队就在发掘区外以警戒线圈围场地，限制闲杂人员进入。同时安排值班人员进行二十四小时监护，所以没有发生一起文物被破坏或丢失的事件。在确保工地安全的同时，考古队还制作了保护文物的标志牌及条幅，每一处考古发掘工地都有展板，宣传和普及《中华人民共和国文物保护法》，南水北调的考古工地也成为向公众和社会全面展示国家保护历史文化遗产工作的大舞台。

经过 1 年左右的紧张工作，到 2006 年 9 月，考古队共发掘 8 处地点，各时期的墓葬 120 余座、窑址 13 座及灰坑、灰沟、灶址等其他遗迹若干，发掘面积达上万平方米，出土陶器、石器、铜器、瓷器、玉器等大量各类遗物。这些文物时间跨度长，从春秋时期开始，历经战国、汉、辽、金、明、清等历史时期，延续两千余年。

高空气球摄影

因为发掘的地点都远离市区，为了工作方便，考古人员都在村中租了房子，与工人们同吃同住。因为工作的特殊性，他们都放弃了节假日，春战沙尘暴，夏顶暴风雨，秋有三伏天，冬天飞大雪，着实过了一年封闭的生活。在夏天最热的时候，每天早上四点到八点工作，下午四点到八点工作，就是为了尽早完成发掘，把水调入北京。

白天进行野外发掘的同时，午、晚饭后的时间要马不停蹄地整理刚拍摄的照片和陶片。否则，会因累积数量太多而乱了编号。一天的时间被简单地分成吃饭、睡觉、工作三部分。很难想象，尽管做的是南水北调的文物保护工作，但队员们每天饮用的是村井打出

南正遗址出土
的汉代陶狗

的黄涩井水，而就是这种水
质很差的井水，也不是每天
都能保证有的。

　　由于工期紧张，几个地
点的发掘不得不同时展开，
白天发掘人员兵分各处，晚
上回到各自驻地。恰逢初夏，
小厨师回家收麦子，有近半
月的时间发掘人员晚上回到
驻地，相伴的是半箱老掉牙
的方便面——也只有方便面
最省事。有次其他驻地的队
员一大早兴冲冲来蹭饭，但

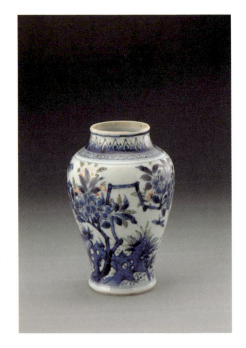

六间房遗址出
土的清代瓷罐

南正遗址第二
发掘区现场

发现这里也没人做早饭，只得悻悻离去。条件艰苦还在其次，难以
忍受的是一个人面对四大间房屋和上千筐陶片的寂寞。那段时间正
逢 2006 年德国世界杯足球赛，为了解闷，把电视打开放声音是最好
的办法，但一般撑不到比赛开始就呼呼睡着了。只迷糊记得当时电
视里有句广告挺流行：男人，就应该对自己狠一点！

　　发掘进行到差不多一半的时候，总有一个小伙子每天到工地上
来。雷打不动，非常准时。他开着一辆被光盘挡住号牌的车，一副
知识分子模样，站在警戒线外观看从不越界，与发掘人员聊出土的
文物还真能说出点门道。大家不知这哥们儿的底细，对他很客气，
偶有问及者他总是三言两语敷衍过去，大家还以为是某报社的记者，
听说有线索后过来调查。后来发现不对，他总是拐弯抹角地打听这

些文物能值多少钱,最后露出了马脚,原来是一名到处寻宝的文物贩子。大概看工地上挖出来的主要都是碎陶片卖不了什么钱,这家伙失了兴趣便不再来了。

由于挖出的文物太多,驻地堆放不下,考古队就租用房东的双排座货车往整理基地陆续拉走。房东的车平时就是拉点自家产的蘑菇去卖,所以为了省钱也没给车上牌照。运文物时都要坐上几人押运,文物的安全倒是得到保障了,可押运的人坐在车上很不安全。被选中押车的人出发前都会给自己加油:"在兜风中感受拉风!"而且每次都是放着平坦的大路不敢开,偷偷摸摸地哪人少不好走走哪。这不仅因为车没有牌照,怕警察罚,更关键的是,万一警察发现了车上的古代人骨标本,以为房东是杀人犯还不把他带走了!

2006 年 9 月 1 日,北京市文物局和北京市南水北调建设委员会办公室组织专家对考古工作进行了验收,所有的考古发掘项目均一次通过验收。

此后,考古工作队以最短的时间整理发掘资料,至 2008 年底出版了《北京段考古发掘报告集》《房山南正遗址——拒马河流域战国以降时期遗址》两部专著和《盛世调吉水 古都遗博珍:南水北调中线一期工程北京段出土文物》图录一部。这是南水北调工程沿线各省市中最早完成资料发表的,取得了重要的科研学术成果。

在文物勘探、发掘时,南水北调的征地工作还没有完成,因此考古工作队进场遇到了很大的阻力。很多村民不理解重大工程文物先行的政策,把考古工作者认同为工程建设者,拒绝在庄稼地内进行发掘。例如南正遗址,工作队数次进场,被停工,再进场,再被停工,达五六次之多。因为考古发掘并非是朝挖夕止,为了抢在工程建设前完成，工作人员积极同村中协商、同村民耐心地解释国家的文物政策，克服了重重的困难。由于村中的承包地是分属于很多家的，因此要一家一家地谈，不知费了多少口舌，写了多少的保证书，才得以按时、保质地完成了发掘。曾经有国家发改委的一位领导在视察了北京段的考古工作后，非常惊讶地询问："北京的征地还没有完成，你们是怎么进场发掘的？"在得知情况后，他对考古人员的工作给予了很高的评价。

南水北调工程北京段的文物保护工作，是南水北调工程的重要组成部分。它凝聚了水务和文物工作者的心血和汗水，也体现出国家进行大型工程建设时对地下文物保护的高度重视。通过抢救保护北京的历史文化遗产，为南水北调中线工程的大规模动工建设创造了条件。

南水北调中线工程北京段的出土文物，数量丰富、时代特征鲜明、科研价值高，为北京乃至北方地区的历史文化研究增添了重要资料。例如丁家洼遗址是北京首次系统发掘的春秋时期燕文化居址，填补了北京地区东周燕文化考古的空白。南正遗址的遗迹种类丰富，有墓葬、陶窑、灰坑、灰沟等，出土的陶片、石器、铁器等遗物多达上千筐，为构建燕山以南地区战国中晚期至汉代早期考古学文化的谱系提供了重要的支持。岩上遗址发现的大量战国时期瓮棺葬和北魏纪年墓葬都是以往工作中较少见到的。

南水北调工程保护了珍贵的地下文物，它自身也必将会作为重要的文化遗产留给后人。

原载《当代北京研究》2009 年 3 期

「文化大革命」时期的考古

　　"文化大革命"期间，北京市的文物考古事业受当时社会形势的影响，发展缓慢，几乎停滞。当时的情形是考古队伍备受挤压，甚至有部分的考古工作者被迫改行；相当多的文物被砸毁，相当多的古代建筑被拆毁，基本建设工程中发现的一些古代墓葬被摧毁；考古工作受到极大干扰，系统的考古发掘经常由于各类学习而被迫停止，无法正常开展考古工作。

一、一次非专业的"考古挖掘"——打开清代李莲英墓

　　1966 年初夏，一场"横扫"一切的政治风潮正在中国大地狂飙突进。海淀区恩济庄 46 号院，是当时"六一"学校的校址，几位在"文化大革命"中被批斗，需要改造的"牛鬼蛇神"老师正在烈日之下挥舞锄头。这是学校红卫兵交给他

们的任务：挖开晚清大太监李莲（连）英墓。

恩济庄是清雍正皇帝"御赐"的太监茔地。1958 年普查恩济庄墓地时，当时墓前有碑者近 300 处，更多的是荒草土冢，传说约有 2700 多人葬于此地。

这是北京考古史上为数不多的由非专业人员进行的"考古挖掘"。

李莲英，清代大太监，历经咸丰、同治、光绪和宣统 4 朝。慈禧太后打破太监至多官居四品的祖制，亲赐李莲英二品顶戴，使他爬上了权力的巅峰。

谁都不曾料到，挖掘这座坟墓竟会是一项如此艰巨的工程。一个多星期过去了，老师们连续不断地连挖带掘，但整个坟冢却几乎毫发无损。

挖掘多日之后，在一个上午出现了转机。这一天刚刚开工不久，几位老师就有了一个特别的发现：墓穴宝顶每隔 10 厘米会有一个红锈的圈，是一层层从底下垒起来的，共 18 层。这一道道缝隙也许就是攻克这座坚固堡垒的突破口。

又是一周之后，巨大的坟冢终于被挖开了一个豁口。但在此时，一个难题再次出现了，几位老师原来乐观地认为坟冢之下就是墓室，但事实并非如此，而是坚硬的花岗岩。失望的情绪开始在这个小小的群体中弥漫：要靠人力凿开坚硬的花岗岩，几乎不可能。而距离造反派们规定完工的期限只剩下 3 天了。一想到可能会遭受到严厉的批斗和处罚，一股寒意在每个人的心底浮起。

就在这时，一位过路老者的三言两语，点拨了愁绪满怀的老师们，使不可能完成的事情得以改变。老人所指的挖掘地点就在坟冢前两块巨大的石碑附近。

石碑高约 5 米，顶上有龙云图案，底下有须弥座。东边的一块碑正面是汉文，背面是满文，西边的一块碑前后都是满文，碑文上记载的是李莲英的生平。

老师们先把甬道上的青石砖撬开移走。又经过两天不懈的挖掘和清理，接下来的发现令他们惊喜万分，他们歪打正着，绕过了墓道而直接找到了墓前室。

墓前室是一间 3 米见方的厅，用汉白玉建成，东西两面墙上有雕工极为精美的图案。南北面各有两扇石门，南门连接着墓道，北门通向墓后室。

石门被打开，一个倾斜在地上的棺材出现在眼前。停放棺材的是一张汉白玉棺床，棺床的上面，老师们发现了一个没有打穿的圆孔，伸手进去一摸，摸出一个挂着玉坠的荷包和一些散落的铜钱。这些物件说明了李莲英的下葬规格是"金井玉葬"。金井玉葬是指在棺床上凿一个洞，但并不打穿，里面一定要放上玉器。这是一种规格极高的下葬方式。接着，他们在墓室的墙壁上看到很多黄色的印记，仔细辨别后发现是水印，这些水印应该是地下水漫溢上来又回落之后留下的。而棺材之所以会发生倾斜，也应该是随着地下水的涨落而漂移出了原位，从棺床上歪倒下来了。

当晚，几位老师决定就地打开已经沉睡了半个世纪的李莲英的棺木。

棺木里平平整整躺着一个人形，有头、有胳膊、有脚，盖着被子。清理棺材的时候，一位老师想直接搬动尸骨，可他万万没有想到自己双手触摸到的是一个皮包骨的头颅。紧接着，他摸到了一层厚厚的衣服，取出一看，是一件长袍，长袍竟然没有腐烂，依旧能够完整地抖开，接着下去，摸到的是又黏又湿的细末。而到了尸体的腰身部位时，他摸到了一件硬物，拿出一看，原来是一串朝珠。随即，他又发现了钻石帽正、宋代的青玉环、汉代的满黄浸玉镯、光绪款金烟碟等，都是稀世珍品。

无论是整齐有序的墓室、完好无损的棺木，还是 50 多件价值连城的随葬品，都说明此前，墓室从未有人来过。在那个惊心动魄的开棺夜晚之后，坟墓的清理工作又持续了几天，而那颗头骨则被随意弃置在外面了，甚至被学生当足球踢来踢去，最后竟被扔进了厕所。一天晚上，一位老师借着上厕所，拿粪勺把那头骨捞出来，洗了洗，然后把它扔在靠墙的一个窟窿里，培了些土。至此之后，头骨下落再无人知晓。

这场闹剧式的掘墓"考古"，文物部门一直不知晓。待后来得知这一消息后，文物部门一方面征集墓中文物，登记造册；另一方面向老师们调查，证实不仅有头颅在棺内，而且还有一段小腿骨。关于李莲英死因是他杀还是寿终正寝的争论一直不绝于耳。因此，有些学者认为李莲英是被人暗杀"人头落地身亡"。但从打开棺材所见，此说恐难成立。

二、废铜烂纸下的抢救考古

1966 年"文化大革命"开始，在"横扫一切牛鬼蛇神"和"破四旧"的号召下，北京地区许多文化名人、学者都成了抄家、砸烂的对象，他们保存的古旧图书、文物古董更是首当其冲。据不完全统计，仅 1966 年 8 月，北京地区被抄家的就有 114000 户，查抄古旧图书和文物共计 3305100 余件。它们有的被当场焚毁，有的被送到造纸厂、炼铜厂。面对这种暴殄文物的罪行，许多有识之士和国家文物局都向党中央呼吁要保护祖国珍贵的文化遗产。

1967 年，"中央文革小组"制定和传达了《在文化大革命中加强保护文物图书的几点意见》。意见中指出："对有毒的书籍不要随便烧掉，要作为反面教材，进行批判。""各地革命委员会或军管会应当结合对查抄物资的清理，尽快组织力量成立文物图书清理小组，对破四旧过程中查抄的文物和书籍、文献、资料进行清理。""各炼铜厂、造纸厂、供销社废品收购站对于收到的文物图书一律不要销毁，应当经过当地文化部门派人鉴定、拣选后再行处理。"

同年 2 月 13 日，"北京市古书文物清理小组"正式成立，由市文化局、中国书店、文物商店、文物工作队和外贸局等单位选派的 80 余人组成，其主要任务是收集整理红卫兵查抄的古书、文物。小组中许多人都曾在琉璃厂的古玩店和中国书店工作，可谓文物专家齐聚，如傅大卣、马宝山、赵存义、孟宪武、李新乾等。

该小组于当年 8 月进驻了办公地点——也是现今北京市文物局所在地——东城区府学胡同 36 号。小组人员自调入之日起就奔赴各造纸厂、炼铜厂和红卫兵设在恭王府戏楼、西直门教堂、汽车驾校、白塔寺、护国寺、缸瓦市教堂、清真寺、官园、中国书店、上方山等地的数百个库房中去拣选。认真清理红卫兵在破"四旧"中查抄出来的各种文物，像沙里淘金一样，从大量废旧物资里发现有价值的文物。在另一条战线上开展了"考古"工作。

例如从大量废铜中，拣选出许多有价值的古代青铜器，其中商代青铜器就有数十件之多，如龟鱼纹盘、斿觚、旅觚、饕餮纹圆鼎、大于爵等。

1966—1981 年，北京拣选出来的铜器有近百吨之多，有不少体量很大的铜佛、铜钟，还有体积小却数量大的铜钱。1972—1981 年，拣选出的较好的文物达 800 多件，级别很高的有 59 件。

在 1982 年举办的"北京市拣选古代青铜器展览"中，展出了一批商、西周、春秋战国等时期的铜器 660 余件，全部来源于废旧铜器中。其中以西周的伯梒盨簋和班簋最为重要，这两件青铜器，早就见诸文献著录。失之日深，未成想混迹于废铜中，在此次展览中重放光华。

班簋是程长新、呼玉衡等人 1972 年在北京市物资回收公司有色金属供应站发现的，当时已破碎成数片，并有残缺，后来修复成器。器身饰四组兽面纹，四耳长垂成足。班簋的原主人是西周时期的毛伯班，故称"班簋"，其制作时期距今已 3000 多年。在其内腹底部的铭文多达 198 个字，记述了贵族"班"在周成王时期追随"毛公"东征的重要史实。

班簋原为清宫廷收藏，在《西清古鉴》卷十三中已有著录，名"毛伯彝"。八国联军入侵北京，早在乾隆年间就已入藏清宫的班簋被抢出皇宫，后又遗失民间。此次失而复得，实属侥幸。郭沫若因此撰写专文予以考证。在北京市文物研究所编著的《北京考古四十年》中写道："由此可见，加强对废品收购部门的管理与业务指导，切实把好这一关卡，是非常必要的。"

伯梒盨簋为兽形双耳器，圈足下接三足，口沿、腹及圈足各饰窃曲纹、瓦纹和垂鳞纹，腹内底铸有铭文 28 字，通高 21 厘米。该器在宋代《宣和博古图》中即有著录。通县两个物资回收站经过多次查拣得到残片，终于复原了它。它的发现，印证了八百多年前的著录的科学价值。

　　"北京市文物古旧清理小组"还从造纸厂抢救出了不少古字画、线装书。

　　据北京市文物局老干部马宝山、孙春华等几位同志回忆，第一版《共产党宣言》就是从北京造纸厂中拣出来的。

　　据孙春华同志文章记载，从拣选小组成立至 1967 年 7 月末，"就从被查抄户中选出旧书刊 66 吨，约计 80 万册，文物 662000 件，铜器 25 吨；从北京造纸厂通县分厂选出古旧书刊 32 吨。7 月至 9 月，又从北京造纸总厂选出古旧书刊 120 吨。以上图书全部存入国子监街的孔庙内妥善保管。"另据赵存义等同志回忆，当时古旧图书付给造纸厂的价格是一角二分一公斤，其中也有大量元、明、清古画、古籍善本、孤本。许多图书和文物都是露天乱堆乱放，抢救下来的与销毁的相比，只是沧海一粟！在当时，拣选人员就站在北京造纸厂的纸浆池前面，当抄家抄来的一车车古书被用大铲子往纸浆池中推时，拣选人员看见旧书就双手往怀里搂，也分不清楚什么名字、什么时代，就像是从绞刑架上抢下自己的孩子！第一版《共产党宣言》就是这种情况下被抢救下来的。在它的藏品档案来源一款写着："北京造纸厂拣出"！

　　十年浩劫期间，林彪和康生、陈伯达还经常到府学胡同 36 号来挑拣"议购"他们喜爱的古籍、文物，共"购买"古籍 26000 册、字画 13000 件、文物 3000 余件。书籍中他们只要古代珍本、善本，因而第一版《共产党宣言》得以幸存。

三、拆除西直门，惊现元大都城"和义门"

西直门在元代，称为"和义门"，是元大都西城垣之中门。明永乐十七年（1419 年）修缮后转承为"西直"。"西直"与"和义"之义相通。古以西方属"义"，又有"师直为壮，壮则胜"之说。直，有理，理直，即为"义"。故将"和义"改为"西直"。当时它的主要功能是给皇宫送玉泉山泉水的水车通行，故有"水门"之称。西直门瓮城是北京各城门中唯一的正方形瓮城，也是地铁动工之前，北京唯一保存完整的瓮城。

1953 年，为了交通方便，北京市曾考虑拆除西直门城楼和箭楼，遭到梁思成的强烈反对。梁思成提出在城楼两侧的城墙开券洞通行，城楼、箭楼、瓮城当作交通环岛予以保留。此建议得到采纳，西直门因而得以幸存。可是，好景不长。

1969 年，为了修建环线地铁（现今的北京地铁二号线），西直门城楼、瓮城、箭楼、闸楼一并被拆除。

5 月，拆除箭楼时，从城墙内"挖"出元大都"和义门"的瓮城城门。门洞内的题记证明瓮城是在 1358 年加筑的。

和义门瓮城被发现后，中科院考古所派人进行了简单的清理。但所谓的清理，已和走过场没什么两样。在这期间，有关专家呼吁保护，但未得到响应。很快，和义门就被拆除了。

后来才知道，当时著名的考古学家夏鼐、苏秉琦、郭沫若，古建筑学家梁思成等都成了"牛鬼蛇神"，处境十分困难，随时等待着批判，检讨多次还未过关。"文化大革命"结束时，郭沫若说："我自己都难保，哪还有力量来保护和义门呢？"

《考古》1972 年第 1 期的《元大都的勘查和发掘》中写道："和义门瓮城的发现，要归功于北京市拆除城墙的工人。"此一语足见其对和义门发现之重视，而"归功"之说，并不指拆城墙有功，而是指这些人在拆城墙时没有把瓮城毁掉，而是主动报告给了有关部门。因为"这座城门暴露出来以后，他们一面妥善地保护现场，并细心抄录了明洪武十四年（1381 年）重修该城门时留下的墨书题记（这段题记的字迹经风化，很快便模糊不全了）；一面报告有关部门，并积极提供各种条件，协同考古工作人员进行认真的清理。这是工农兵群众在'文化大革命'中认真学习毛主席关于'古为今用'的伟大教导后，更加热爱祖国优秀的文化遗产的表现"。

著名的文物专家罗哲文的回忆显示了个人的努力在时代大风浪中的渺小。他回忆道：

1969 年夏，西直门的厄运临头了。为了修地铁，西直门瓮城必须拆除。西直门本来已经成了"破四旧"的对象，只是由于拆除非常费力，所以在"文革"初期还没有人来顾及它。文化部门已经瘫痪，无人来管，就只好任它去了。我当时已无班可上，但也还在以个人的力量，有时和其他同志一起，关注着文物保护的事情，并尽一点力所能及的绵薄之力，如北京古观象台的保护、甘肃炳灵寺的保护，等等。有一天我从西直门经过时，看见城楼和箭楼都搭上了脚手架，看起来不是维修，向在场的工人一打听，才知道是要拆。我也无可奈何，无计可施，因为它不像古天文台那样，具有科学的价值，能向周总理反映。于是我只好用自己买的国产相机和国产胶片拍摄一些照片留作纪念。先是拍了城楼搭上架子的照片，又过一些日子，再去拍了拆除闸楼、闸门的照片，最后还拍了拆除出元代和义门城楼遗址的好些照片。

除了老城门外，1971 年，在修地铁拆除明城墙时还发现了《新铸铜人腧穴针灸图经》的残石。

中国数千年的针灸学发展史上，北宋太医玉惟一在经穴考订和针灸学教具方面作了开拓性的工作。他对腧穴进行了重新考订，确立了 354 个经穴，并著《铜人腧穴针灸图经》，先雕琢木板印行于世，然后又刻于石碑之上。明城墙中发现的残石，即为玉惟一当年所刻针灸图经石刻的一部分。

专家推测，玉惟一当时的石刻一共有二十四块。拆明城墙时，发现了七块。这些石经，原本存于宋汴京大相国寺内。在金或元代，北迁至燕京。明代"土木堡之变"后，瓦剌挥师攻打北京，于谦等人多次修整城墙以备战。这些石刻便被用作了城墙的填充物，于明英宗正统十四年（1449 年）被填入墙中。从销声匿迹到再度现身，它们被填埋在城墙中长达五百余年。残断石经复原后，得到医学界的重视。

原载《当代北京研究》2012 年 2 期

明代有女各不同

北京的考古发现中，出土了不少女性的墓志。尽管志文大多是对主人生前歌功颂德的套辞，但也有一些有意思的，能够从中撷取出若干生活片段和丰富的历史文化信息，就像是一朵朵历史长河中的浪花。释读之下，一位位性格各异的女性跃然纸上。

性情女杰——施聚夫人李氏

2005 年 9 月，位于朝阳区王四营乡的北京某电厂在施工时发现了"明故特进荣禄大夫柱国怀柔伯施公"施聚和夫人李氏的合葬墓。

据墓志记载，施聚的父亲本是名作战勇猛的蒙古军官，归附明朝廷后，易汉姓，移居通州。军二代的施聚继承了他老子优秀的打仗基因，镇守辽东边境 30 余年，深受百姓爱戴，有勇有谋，有古名将之风。施氏家族颇有些杨老令公归宋后，杨家将戍边守关的再现。他们的故事，可以另行介绍。

施聚老婆家族亦本为蒙古降军，所以两人的婚姻是成色十足的军婚。施夫人的母亲生她、育她时十分艰难。穷人的孩子早当家。施夫人从小就很懂事，与弟弟一起孝敬父母。嫁入施门后，她贤惠能干，勤劳尽责，把几个孩子拉扯养大，把爱和世界全给了他们，做了一位妻子和母亲应尽的一切。几个孩子也都用实际行动回报，没有让母亲失望。

施聚去世不久，施夫人也因丈夫的离去过度悲伤而即将离开人世。临终前她对儿子们说："我今年74岁，和你们父亲同年生不过小1个多月。嫁给你们父亲后过了50多年不愁吃喝的富贵日子（也算是金婚了）。你们这些孩子也都很懂事。你们的父亲为国尽忠，没什么可遗憾的。我将要去找你们父亲了，又有什么可遗憾的！只是我心头还有一件事放不下。"孩子们哭着忙问缘由。施夫人答道："昨天我看见葬你们父亲的墓志上，提到了你们父亲的家族，而没有提到我家一人。如果我的家人在上天得知了，会怪我薄心不高兴的。所以在我的墓志上一定要刻录上我的家族，把我的家人介绍一番，让我李家人能被后人所知，永远流传下去，如果违背的话，我将死不瞑目！"儿子们含着热泪答应了。

花落无言。这大概是后人所能知道的施夫人唯一的故事。相比她老公在《明史》中有传，立下轰轰烈烈具有传奇色彩的战功，这件事显得微不足道，但真情外见，感人肺腑，也难怪孩子们按照她的吩咐做后，把这段经过也原原本本记在墓志之中。

在古代三从四德的教条之下，本该"出嫁从夫"的施夫人没有歌颂自己的贤惠（虽然她也配得上这些赞美），也没有表扬自己在施家的地位（虽然她也受过朝廷的诰封），而是选择不忘自己的家人。也许她没有什么文化，也不用理会在墓志中夸奖自己是古来有之的约定俗成。她的骨子中流淌着草原儿女的热血，怎能泯灭那马背民族的豪迈！她所要的，是对家人感情的"真"，而不是表面文章的"虚"。

区区墓志一块，不过400字。但有故事、有情义。施夫人与丈夫几乎是同生同亡，真可谓生死与共。她的性格直爽而坚决，忍韧而贤能，既有中国传统女性的美德，又闪烁着古之侠风，犹如金庸笔下胡一刀的夫人。

夫人李姓，字妙明。

孝贤的官二代——德清公主

2008年6月，为配合某工程建设，考古人员对朝阳区十里河的一座公主、驸马合葬墓进行了发掘。

据墓志记载，墓主人为明宪宗的第三女德清公主，生于成化十四年（1478年），弘治九年（1496年）下嫁驸马，薨于嘉靖二十八年（1549年），"葬顺天府大兴县魏村社十里河"。

德清公主下嫁家世一般的驸马林岳是明代后期公主下嫁平民的典型例证。但野百合的春天不是那么万里无云，草根能攀上皇亲的经过看似灰姑娘的童话却有些让人哭笑不得。

在明代，礼仪房太监"掌一应选婚、选驸马、诞皇太子女、选择乳妇诸吉礼"。也正是由于当选驸马后可以平步青云，所以一些富家子弟往往不惜重金买通公主的主婚太监，以期成为驸马都尉，荣显之极。德清公主的主婚太监李广即被富民袁相用重金贿赂，遂选袁相为德清公主的驸马。就在婚期临近时事情被告发，德清公主才重新选中了驸马林岳，成就了这段姻缘。

墓志记载，德清公主"恪遵训诫，孝敬仁慈之德著闻戚畹"；《明史》亦载：公主"事姑如齐民礼"。驸马死后，公主孀居 31 年始薨。其实有明一代，能孝敬仁慈的公主不只德清一人，如史载曹国长公主"纯孝，助（李）贞理家尤勤俭"，临安公主亦"执妇道甚备"，重庆公主"事姑舅甚孝"。

明代公主们的贤孝品德应与宫廷女教有关。据载，明洪武中编集有《历代公主录》一书，该书始于隋兰陵公主，止于唐襄陵公主，分别叙述其善恶事迹，以劝诫当朝公主。该书是对明朝公主的行为最能发挥作用者，惜已亡佚。明代公主所受的女教还不止于此，如成祖五女常宁公主通《孝经》《女则》《列女传》；徐皇后生女永安公主亦熟读《孝经》《女诫》诸书。她们多能孝敬勤俭，不以富贵自矜。另外，公主下嫁之时，还要受醮戒，以恭听戒命。帝后往往以孝敬勤俭之类思想训诫公主，如临安公主将嫁，册文即强调"恪遵妇道以奉舅姑，闺门整肃，内助常佳，毋累父母生身之恩"。仁和公主将嫁，孝宗要其"敬之戒之，夙夜无违尔闺门之礼"。统治阶级对于皇女作为人妇教育的重视，导致了有明一代的公主大多能孝事舅姑，勤俭持家。

明代公主们的家风，不是对现在的夫妻、家族关系有许多启发吗？

贤妻良母——张廷信夫人贾氏

1989年5月，房山区石楼镇坨头村出土了"明故孺人贾氏合葬墓志铭"。

墓志记载，少女时代的贾氏就以节贤闻名乡里，所以上门求婚者甚众。她是父母的掌上明珠，因此父母对她的亲事特别慎重，如果看不上眼是不会答应的。直至中屯卫户侯张公的次子求婚，贾父母知道他的家世、人品都门当户对，方允了这门亲。

嫁入张家后，夫妻相敬如宾。贾氏相夫教子，勤俭持家。有次张家祭祀祖先，贾氏对供奉的食物特别敬慎，每样都先尝尝合不合适。同时意识到这是个现场教学的好机会，告诉她老公：别人在祭祀祖先的同时也要教育自己的孩子，你也不要错过。老公推崇儒术，打算让两个孩子都学。贾氏说，让老大学治家，老二学诗书。这是因为贾氏从小抚养这两个孩子，对他们的性格、能力都非常了解。可见她很有主见并不盲从，望子成龙也要因材施教。儿子们的表现也都很争气。

某年，庄稼歉收，由于贾氏平时节俭，家中还有不少余粮。节约不等于小气。她让老公做慈善事业，拿出一些分给那些需要帮助的人，救活了不少人。还做了件许多男子也未必能做的事情：烧毁了一些欠他家债的证券。乡邻们有去世的，她不论亲远都帮助下葬，出钱出力。所以墓志中感叹，固然是她老公品格高尚，也因为她的贤内助之力。邻居有病，她必去过问。家人有失，她也一定会告诫。别人赞叹她：德、孝、仁、勤，无一不备。榜样的力量是无穷的，她的儿媳杨氏也是一位贤内助。

在老公受到朝廷赏赐时，亲朋好友都来庆贺。她举着酒杯对二儿子说，你父亲一生忠厚才能有今天的成就，你也应该及早努力，刻苦学习。她死后，亲邻感念她的恩德，都伤心不已。

三方墓志，三位女性，三段故事。她们身份不同，性格各异。但都是一个懂事的女儿、一位优秀的妻子、一位称职的母亲。女性在生命中所要扮演的三个基本角色，都堪称完美。

原载《北京青年报》2013 年 3 月 8 日

精彩世园会 文物忆妫川——

世园会建设中的考古发现

2019 年 4 月 28 日，中国北京世界园艺博览会盛大开幕。一时间，"绿色生活，美丽家园"，花团锦簇，美不胜收。但您可知否？2016—2017 年，在配合场馆建设的考古工作中，经过考古工作者的努力，一座座沉睡于地下的古墓也渐渐揭开了神秘的面纱。这些重要的考古发现，为世园会增添了古老的符号。

世园会的考古工作，范围广，考古勘探约 270 万平方米，为延庆历年考古之最；年代跨度大，约两千年，包括了自西汉、东汉，历魏晋、唐代、辽金至明清各时期；类型丰富，包括墓葬、窑址、水井；数量庞大，发掘了 1100 余座不同时期的古代墓葬。出土的文物为后人讲述着延庆的往事。

小小印章揭秘驻军数量

　　世园会围栏区北侧发现了
两处保存较完整的魏晋时期家族
墓地，形制和规模在北京考古史
上罕见。墓葬中出土了"太康六
年""上谷""阿秋侯君"等字
样的铭文砖（刻有文字的砖）及
金簪、金箔、金环、金片、银质
龟钮"偏将军印章"等珍贵文物。
"太康"，为晋武帝司马炎年号，
证明这是西晋早期的墓葬。

排列整齐的魏
晋家族墓

　　"上谷"的意思为上谷郡。
上谷郡是战国时燕昭王设立的
郡，范围大致包括今河北省张家
口市，以及北京延庆等地，秦汉
沿之。飞将军李广、东汉光武帝
时期云台二十八将之一的王霸都
曾任上谷郡太守。"阿秋侯君"
则可推断此人姓侯，名"阿秋"。
但侯阿秋是墓主人的名字还是制
墓的工人随手在砖上留下的自己
的名字？从史料中可知，侯氏是
魏晋时期延庆当地的望族大姓，

魏晋时期的金头饰

"阿秋侯君"铭文砖

出了许多大官和知名人士。"侯阿秋"是否也是侯氏家族的一员？他和其他侯氏成员是什么关系？这些都有待进一步探讨。

银质龟钮"偏将军印章"造型精致。偏将军，是军中比较常见的五品将官职位。不过，别拿村长不当干部，不少名将都是经过偏将军的经历后逆袭成功的，例如三国时期大名鼎鼎的关羽、赵云、马超，包括前面提到的王霸等，甚至周瑜一生最高的军职也才是个偏将军。

魏晋时期偏将军的官印，沿袭了两汉官印制度，即官高者用龟钮，中下级官吏用鼻钮。印章透露出的另外一个信息是：这个地方驻军的兵力。按照秦汉的军制，偏将军一般统兵约3000人，多者可达5000人。可见，这枚印章对于研究此地的军事建制有着参考价值。

魏晋时期银质龟钮
"偏将军印章"

唐代墓志铭揭示白居易宗侄生平

　　唐代白贵夫妇合葬墓发现于谷家营村。墓葬中的两方墓志告诉了后人墓主人的生平。

　　白贵(808—887年),字子道,他的一生并不如他的名字那样高贵,虽然他的家族其实非常显赫。

　　白氏一姓, 得始于春秋时期楚太王太子后, 乃魏人之后。"楚平得姓, 武安遗胄。"十一代祖白建, 北齐时任陕州刺史 (从三品)。十代祖白懋, 任唐代括州 (今温州一带) 刺史。八代祖白五郎, 也是一名刺史。到了七代祖白通, 被贬官于蓟, 到妫州缙阳(今北京延庆)定居。

　　白贵他爹白旻显然更出名。白旻是同州 (今陕西大荔一带) 澄城令。官虽然不大, 但人家有才华——他更为人知的是一位歌唱家和一位画家, 尤擅绘鹰鹘。在唐代张彦远的《历代名画记》中记: "白旻, 官至同州澄城令。工花鸟鹰鹘, 嘴爪纤利, 甚得其趣。旻善歌, 常醉酣歌阕, 便画自娱。"唐代朱景元的《唐朝名画录》中载: "能品下二十八人, ……白旻鹰鹘, ……又偏妙也。"

　　唐穆宗长庆元年 (821 年), 白旻尝画雕赠著名大诗人白居易, 白居易为此有《画雕赞》。其序云: "寿安令白旻 (一作昊), 予宗兄也。得丹青之妙, 传写之要; 毛群羽族, 尤是所长。长庆元年, 以画雕贶予。予爱之, 因题赞云。"《赞》中则详细地描绘了白旻所画黑雕的情形: "鸷禽之英, 黑雕丁丁。钩缀八爪, 剑插六翎。想入心匠, 写从笔精。不卵不雏, 一日而成。轩然将飞, 戛然欲鸣; 毛动骨活, 神来著形。始知造物, 不必杳冥。但获天机, 则与化争。

韩干之马，籍籍知名；薛稷之鹤，翩翩有声。研工核能，较真斗灵。岂无他人？不知我兄。"《赞》中不仅提到所绘黑雕的英姿和神态，而且是"一日而成"，可见白旻绘画的技法高超，技巧娴熟。白乐天还将白旻画鹰与韩干画马、薛稷画鹤相提并论，表现了对其艺术水准和当时知名度的认可。

《故巩县令白府君事状》作于元和六年（811年），是白居易为其祖父白锽、祖母薛氏撰写的墓志铭，其载："白氏芈姓，楚公族也。楚熊居太子建奔郑，建之子胜，居于吴、楚间，号白公，因氏焉。楚杀白公，其子奔秦，代为名将，乙丙已降是也。裔孙曰起，有大功于秦，封武安君。后非其罪，赐死杜邮，秦人怜之，立祠庙于咸阳，至今存焉。及始皇，思武安之功，封其子仲于太原，子孙因家焉，故今为太原人。自武安以下，凡二十七代，至府君。高祖讳建，北齐五兵尚书，赠司空。"由此推测，白贵与白起、白居易为同一宗族，论起辈分来，白贵应为白居易的宗侄。

虽然家道中衰，但瘦死的骆驼比马大，良好的家教还在，加上白贵年幼聪慧，从小节操就超出常人，讲正气，长大后身材魁梧，一表人才。墓志文不乏溢美之词，认为他就像古代的季布一样信守诺言，像孔子一样勤于思考，像庄子一样忍让，像老子一样真诚。这样的家境、人品和才干中长大的别人家的孩子，按说当官应是理所应当。

但落花有意，流水无情，白贵的性情却有别于他的前辈，喜欢轻松洒脱的生活，摒弃了心中的各种杂念，归隐江湖。即便是"远祖有吞赵之效，合袭弓裘"，他也"无慕仕之心"，所以志文撰者幽州武清县丞郭昇将他与东汉时郑朴、蒋翊等著名的隐士相比。

王侯们都没有办法与他亲近，皇帝又怎么能找得到他，把他作为自己的臣子呢？这句"王侯莫得为友"充满着一股不肯趋炎附势的自信。

"过隙难留，逝川无舍"，平淡走完一生后，他于光启三年（887年）卒于新妫州（今延庆）家中，享年80岁。

夫人高氏（819—882年），是高阳郡（今河北高阳一带）人，也出自名门望族。她的远祖是隋代开国第一谋臣齐国公渤海郡高颎之后裔，到了她的前几代，已"隐而不仕，门传积善"。父亲高清就是一位隐士，因此她的身上具备贵族流传下来的温柔贞德。志文中以古代的两位贤母"陶亲""孟母"比喻。虽然家中不再为官，但家境仍然很好。高氏小时候就过着像战国时大富商猗顿一样的生活。她的品行与善良，如同松树与桂树一样都很真诚。

高氏在15岁时嫁给白贵。多年来，她始终如一贤惠地孝顺公婆，持之以恒地对丈夫相敬如宾，夫妻间关系如同菟丝与女萝（两种植物）相附相依。她于中和三年（883年）十月一日，迁葬于唐代儒州（今延庆）州治儒价城（今延庆西北旧县城）西南七里的西横渠村（今谷家营村）坟茔。

知闻夫人病逝的人无不悲痛欲绝，如同自己家人去世一样泪满衣衫。失去夫人后，白贵十分伤心，回想起昔日作为富豪大家族女婿的荣光。

夫妻和睦及良好的家教使得两个儿子事业有成。哥俩做官都非常勤勉优秀，并且善于处理各种事务。可以说是"子孝妇贞，兄良弟悌，远近称叹"。长子白从殷，是个少言寡语之人，勤奋尽职，曾任幽州节度使衙前将充、蓟门都亭馆舍使、银青光禄大夫（从三品）、俭校国子祭酒（从三品）兼殿中侍御史。次子白从章，性亦忠醇，志唯孝谨，曾任北门亲事、银青光禄大夫（从三品）、检校太子宾客（正三品）兼监察御史（正第八品上阶）。

老年后的白贵，患有久治不愈的重病。他叮嘱儿子，要尽早为母亲准备墓地。两个儿子都很孝顺，他们把母亲按照仪式隆重安葬。在安葬母亲时，配合默契，表现得极为出色。之后，推掉了所有应酬，在家中关起门来为母亲守孝。龙纪元年（889年），夫妻合葬于所居郡之西南七里白马村之原。

两方墓志中记载的"妫州缙阳""新妫州""白马村""防御军""儒城""儒价城""西横渠村"等唐代行政、军屯名称，证明延庆在唐代中晚期已有缙阳之名称，并隶属妫州，且妫州的行政区划在唐中晚期有变动，设有"新妫州"；白马村即为西横渠村，为今谷家营村。《辽史》载："圣宗祭风伯于儒州白马村"，以前有学者认为白马村为今延庆三里河村，据白贵的墓志看，真正的白马村应在今谷家营村附近。

清代写有易经字迹的明堂砖

配合世园会建设发掘的墓葬绝大多数为明清时期的平民墓葬，表明明清时期的谷家营村和李四官庄村有大规模的人口居住。其中一座清朝的砖石堆砌的疑似明堂的建筑遗迹让人啧啧称奇。明堂，一般指根据风水堪舆思想，选定墓地前的一块特殊地域所建的建筑。明堂的位置即为墓地核心。以明堂为中心，依据规划选定的位置下葬，从而确立家族墓葬内部排列的关系。

写有"何宸"的石头

这处遗迹的砖石大部分都有朱砂写的文字，已辨别的大部分为《易经》的卦名，如"地水师""天火同人"等；有人名，如"何宸"。砖石里面夹杂着康熙通宝。这在延庆地区尚属首次发现，可能与当时民间道教的流行有关。

世园会考古中发现的这些文物，将来还能给人们带来哪些惊喜，还有待下一步的文物研究。

原载《北京日报》2019 年 5 月 9 日

千年墓地 重见天日

——大兴黄村的古代墓葬群

2015 年 3 月以来，"大兴区黄村镇发现大批古代墓葬"的消息不断见诸报端。这些墓葬是什么时代的？有哪些重要发现？说明了什么社会问题？发掘中有什么故事？

古代永定河下掩埋的千年墓葬

2014 年 7 月，为配合工程建设，考古人员对大兴区黄村镇三合庄村进行了考古勘探。结果令人惊讶，发现了大量古代墓葬，而且大多是砖室墓。以往的考古勘探中，由于北京地下文物的丰富性，发现古代墓葬并不稀奇，但这批墓葬年代跨度之长、数量之多、种类之全、保存之好，实属近年来北京地区罕见。目前发掘工作已近尾声，共清理了东汉、北朝、唐、辽等时代墓葬 120 余座。

墓葬埋藏区正处于历史上永定河泛

考古发掘现场

滥的河道范围内，墓葬之上淤积了大量的泥沙。墓葬距离现地表平均深 4 米，最深一座达 7 米。勘探时探铲都不够长，最后接上竹竿才能探到底部。根据文献记载，永定河的泛滥主要是在金元时期，这也在本次发掘中通过地层的研究得到了证实，为研究北京南部地区地理环境的变迁提供了依据。

这批墓葬展现了古人的丧葬观念由维护和彰显家族的权势和社会地位向福佑子孙转变，昭示出日益世俗化的特点。

墓地中的"外来户"

墓葬区内的东汉墓葬全部为小型砖室墓，均为单人葬。外面用砖做成棺的样子，因此又称为"砖棺墓"。墓葬均为平民墓，出土有陶器和铜钱等随葬品。它们的最大特点是"砖棺"均为梯形，南侧宽，北侧窄，南侧高，北侧低。这种形制的"棺"是胡人的丧葬习俗，是本地区这一时期民族间彼此交流、融合、共存的结果，与历史上北京地区长期处于汉、胡杂居的社会现实是离不开的。

北朝墓葬的形制与东汉墓类似。由于这一时期各王朝时间短，倘若没有明确纪年，很难与汉魏时期的墓葬区分。在此之前，北京地区发现过疑似北朝墓的墓葬，因证据不足无法确定。故此次发掘的纪年北朝墓具有重要意义——为北京地区北朝墓的形制特点树立了标尺。

墓葬内出土的一块刻有铭文的砖耐人寻味。通过铭文得知，墓主人叫韩显度，祖籍是乐浪郡朝鲜县，下葬于元象二年（539 年）。

东魏墓葬及铭文砖

元象是北朝时期东魏孝静帝元善见的第二个年号。

墓主人的祖籍大有来头。乐浪郡是西汉汉武帝于公元前 108 年平定卫氏朝鲜后，在今朝鲜半岛设置的四郡之一，郡治位于朝鲜城，朝鲜县是其下辖县之一，即今朝鲜平壤市区。但到了西晋，中原大乱，高句丽开始攻占乐浪郡。中原王朝由于实力削弱，导致对边疆控制能力大不如以前，因此，到了公元 313 年，乐浪郡地悉数被高句丽夺取。

但是，卫氏朝鲜的遗民为什么要千里迢迢埋葬在北京大兴？据史料记载，在北魏太武帝拓跋焘统一北方的进程中（439 年统一北方），延和元年（432 年）曾经有过"迁朝鲜民于肥如，复置朝鲜县"，这一有组织、有计划的人口迁徙运动。肥如位于今秦皇岛市，县境为现在昌黎县，卢龙县南部、西部，迁安市一带。朝鲜县为如今卢龙县东部，距离北京很近。这些朝鲜移民进入中国后，还保留了自己的祖籍——乐浪郡的郡望。到了东魏，定都于邺城（今河北临漳县），北京大兴是北方居民南下前往首都邺城的必经路线之一，因此，发现东魏时期的墓葬也是顺理成章的。

唐代墓葬有小型的砖室墓，也有大型的"甲"字形墓。小型墓葬与东汉的类似，"甲"字形墓的形制则继承了当地的北朝墓葬的传统，墓室形状为弧边方形。到了晚唐时期，随着当地汉、胡杂居的日益深入，胡化也愈发严重，其中墓室形状越来越圆就是表现之一。

辽代墓葬有砖室墓和瓮棺墓两种。墓主人全部火化，仅以骨灰埋葬，这与辽代崇尚佛教有关。其中几座辽墓为一个家族墓，目前看这个家族墓地里埋藏了至少 3 代人。辽代砖室墓的形制与唐代墓葬近似，只是墓室形状上更圆。

辽代家族墓全景

精美的仿木砖雕和彩绘壁画

　　考古人员还在唐代墓室内发现了砖雕仿木结构和砖仿家具装饰。仿木结构主要有斗栱、立柱等建筑构件，仿家具主要是桌椅、门窗、灯等。它们都被雕刻得异常精美，惟妙惟肖。这使得原本简单的墓葬有了"营造"的气息——前期设计，后期施工。同时，这种装饰客观上反映了当地居民生活方式的变化，而这种变化是具有划时代意义的，对后代的家具陈设布局、日用器具的生产以及人们的审美都造成了深远的影响。通过这些砖雕，后人仿佛可以触及先祖的日常生活。墓室内出土有白瓷器和漆器，其中漆器的发现为北京地区所罕见。为了保护这些宝贝，工作人员在出土的第一时间就进行了

唐墓内的仿木
立柱和假门

唐代的县令墓石质
葬具和墓志

辽代墓葬中的
彩绘壁画

辽代墓葬中的彩绘
人物、斗栱、灯

保湿防氧处理。

此外，还发现一座县令墓，出土石质葬具和墓志。据墓志记载，墓主人名叫黄府君，为易州易县县令，殁于武则天长寿二年(693年)，享年91岁。当真可以称得上"长寿"了。

在两座辽代墓葬的墓室内壁发现了彩绘壁画。壁画底色为淡黄色，上面用红、黑线条绘制出家居生活的图案，有桌子、椅子、柜子、人物形象等，女主人体态丰腴，桌、椅、五斗橱等一应俱全，甚至椅子上还有坐垫。桌子上放着生活用品，其中一个容器里还放着石榴，这是墓主人生前生活的真实反映。由于北京地区出土完整的辽代壁画墓不超过10座，因此，这两座墓葬的发现显得格外重要。

丰富的出土文物

这些墓葬出土了大批的陶器、瓷器、铜器、铁器、漆器。此外，在辽金家族墓区的东、南、北侧还有大面积的祭祀遗址（燎祭）。它们是后人为拜祭先人而遗留的。

发掘进行到中途时，工作人员发现一些辽金时期的文化层的土是黑的，但又不同于一般的烧土层。他们没有放过这一疑点，对土样进行了浮选，发现这些都是距今千年的炭化粮食！通过鉴定，目前已知的粮食遗存共有13种作物。高粱的大规模出土在国内尚属首次，对研究当时社会的饮食文化以及粮食作物的传播路线具有重要意义。相信随着发掘及研究的继续，还会有更多的惊喜带给大家。

原载《北京青年报》2015年5月12日

现场出土文物

粮食作物遗存

驼铃过碛 泛海凌波

——北京文物所见「一带一路」中的中外交流

"一带一路"国际合作高峰论坛在北京举行。历史上，北京作为中外交流的枢纽、舞台和国际性大城市，与如今"一带一路"的很多沿线国家都有着贸易、科技、文化、宗教上的往来。许多文物中都留下了历史的烙印。

夏商时期的蛇纹鬲和金耳环

昌平张营夏商遗址考古发掘出一种陶鬲，鬲身上附有各种呈直线形或波浪线形的细泥条堆纹，大多数弯曲，如爬行的蛇。这种纹饰称之为"蛇纹"，饰有这种纹饰的陶鬲称为"蛇纹鬲"。蛇纹鬲多见于今内蒙古中南部、东部和甘肃陇西地区，最远传播到俄罗斯的外贝加尔地区。由于风格独特，有研究者认为其代表了匈奴文化因素。张营遗址是目前所知蛇纹鬲出现的最南端地点。

昌平张营商代蛇纹鬲

平谷刘家河商代金耳环

元代景德镇窑青花
"昭君出塞"罐

平谷刘家河商代墓葬中的金耳环，下部如喇叭状，这种材质和器形，被一些研究者视为来自西亚。

魏晋时期的铭文砖和铜骆驼

公元前 2 世纪，汉武帝派张骞出使西域后，打通了汉朝通往西域的丝绸之路。放眼看世界的突破后，东西方文明的交流由此全面展开。"翩翩之燕，远集西羌"，昭君出塞的故事千古流传。首都博物馆收藏的元代景德镇窑青花罐，其腹部绘制了这幅场景。

三国两晋南北朝时期，是中国历史上政权更迭最频繁的时期。国家在分裂与统一中游荡，民族在迁徙与融合中辗转。儒家的正统、玄学的兴起、佛教的传入、道教的勃兴及外域文化的输入使得文化的发展极具多元性。

1965 年在西郊八宝山发现的西晋王俊妻华芳墓，墓中出有萨珊玻璃碗。萨珊，是雄极一时的波斯帝国（今伊朗）的王朝。

镶宝石的掐丝胡伎银铃制作精致，

西晋的玻璃碗和银铃

上有 8 个乐人正在全神贯注地吹笛、奏排箫、持喇叭、捶鼓。乐人的鼻子特意做得很高，表明来自西方。乐人之间系有嵌红、蓝宝石的小铃。这件文物也说明 4 世纪初的北京已与波斯文明对话。

西晋著名的《博物志》的作者张华是北京大兴人。太康三年（282年），他被晋武帝任命治理幽州。史载："东夷马韩（今朝鲜半岛南部）、新弥诸国依山带海，去州四千余里，历世未附者二十余国，并遣使朝献……"

大兴出土的一块刻有铭文的墓砖，载"元象二年四月十七日乐浪郡朝鲜县人韩显度铭记"，证实了这一记载。

祖籍乐浪郡朝鲜县的墓主人韩显度，葬于东魏孝静帝元善见元象二年。北魏太武帝拓跋焘于延和元年（432 年）在今卢龙县重新设了朝鲜县。这些朝鲜移民进入中国后，保留了自己的祖籍——乐浪郡。东魏定都于邺城（今河北临漳县），因此，这座墓葬应是南下的朝鲜居民途中所葬。

北京发现不少具有胡人形象的陶俑。房山小十三里村西晋墓中的陶俑，造型生动逼真，说明这个时期幽州与少数民族的交往频繁，

西晋墓出土的陶俑

胡人成为当地人司空见惯的形象，从而造就了这种成熟的艺术风格。

驼铃悠扬。穿越"丝绸之路"岂能缺少沙漠之舟？目前北京出土文物中最早的骆驼形象是北朝的青铜骆驼水注。骆驼卧倒，神态安详。水注是供注水于砚的盛水器。龙泉务辽代窑址中出有瓷骆驼。海淀颐和园元代耶律铸夫妇墓中的陶骆驼，颈曲，蓄势待发。

北朝的青铜骆驼水注

元代耶律铸夫妇
墓中的陶骆驼

唐代的胡人舞乐

"九天阊阖开宫殿，万国衣冠拜冕旒。"包容、融合达到顶峰的唐代，丝绸之路迎来了开通之后的鼎盛时期，由此万国来朝。唐代共有四个归义王，分别为西突厥处罗可汗、东突厥颉利可汗、宁夷州突厥史思明和奚族酋长李诗，后两者均葬于北京。

"安史之乱"中的安禄山是通六蕃语的粟特人，他允许胡商在幽州"岁输珍货数百万"，贸易额十分可观。许多胡商也就光明正大地以幽州为据点做起了转口贸易。

"弦鼓一声双袖举，回雪飘飖转蓬舞。"魏晋时期，西域一带的歌舞已传到多民族的幽州地区。唐代尤盛。安禄山就擅长跳胡旋舞，这种舞蹈要融合弦和鼓的节奏。唐高宗时的幽州人王麻妈，善

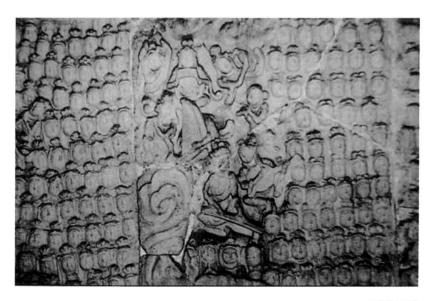

万佛堂《万佛
法会图》局部

吹西域少数民族传入的乐器筚篥，"河北推为第一手"。筚篥是一种笳管，有九孔，五音。《通典》载，本名悲篥，出于胡地，是古龟兹国乐器。其声悲，用竹管制成。燕京汽车制造厂出土的唐墓，女主人康氏是典型的粟特家族。

房山建于唐大历五年(770年)的万佛堂内壁雕有一组伎乐天人，有的手持拍板、琵琶，有的手持排箫、箜篌、瑟等，均作弹奏状，神态各异，栩栩如生。

金中都内不仅居住着许多隋唐时期幽州胡商的后裔，还有来自中、西亚各国和地区的使节、商贾、工匠和艺人。首都博物馆的金代黑釉胡人驯狮纹枕，反映了昔日中亚艺人驯狮表演的情景。

元代的商品贸易

元大都是各国商品荟萃之地。李洧孙在《大都赋》中生动描述："东隅浮巨海而贡筐，西旅越葱岭而献贽，南陬逾炎荒而奉珍，朔部历沙漠而勤事……"许多国外商贾往来于大都与世界各大都会间，"盖凡外国商贩来其处贸易者，辄留所带金银宝石于其国，而携归其地所产调味香料、丝、绸、缎、金衣等物。"著名的旅行家马可·波罗就是随同其叔父到大都经商，而留下了传世名作《马可·波罗游记》。

明清传教士带来的文化和科技

首都博物馆所藏的明景泰错金波斯文索耳炉，通高13.5厘米、口径17.8厘米。敞口宽沿，方唇，短束颈，绳索形直耳，圆肩，鼓腹，浅分裆，三矮柱足。上沿、颈、肩、腹部各饰有错金纹饰，唇边饰连续回纹，颈部饰八朵团花，肩部环错波斯文字一周，为6行警句："短暂人生何等宝贵，你切莫把韶光荒废。你要崇敬真主直到年老体衰，顺从者的一生犹如流水，

明景泰错金波斯文索耳炉

你珍贵的年华如同宝库在消逝，你要从这宝库中汲取人生的精粹。"腹部饰以番莲花纹和缠枝灵芝纹。炉底双圈内错金年款回历855年，即明景泰元年（1450年）。此炉线条流畅圆润，做工考究，将汉族、回族的艺术特点融为一体。

意大利人利玛窦葬于西城车公庄北京市委党校内，两旁还有南怀仁（比利时传教士）和汤若望（德国传教士）的墓。利玛窦于明万历二十九年（1601年）来到北京，将天主教和西方科学文化传入中国，同时将中国古老文化向欧洲介绍，称得上是明清之际的"西学东渐"的先行者。宣武门的南堂（天主教堂）即是他创建的。

明永乐时期海外贸易兴盛，中国与西亚地区的交流日渐增多，因而出现了一些带有异域风情的瓷器。这件瓷瓶仿西亚阿拉伯地区金属器造型及纹样，腹部轮花纹是阿拉伯地区特有的纹饰。明正德年间，还出现了以阿拉伯文作为装饰纹样的瓷器。

元、明之际，一些青花瓷器的釉料苏麻离青来自西亚伊拉克、伊朗一带，最著名者，当属旧鼓楼大街出土的元青花凤首扁壶。

海淀魏公村出土的明代青玉带板，匀净无瑕，琢刻规整，浮雕胡人戏狮图案。

利玛窦墓地

明永乐青花轮花纹绶带
耳扁瓶和明正德青花灵
芝阿拉伯文罐

明代青玉胡人
戏狮纹带板

丰台岳各庄出土的明代人骑狮玉像，上为一成年男子，短发后梳，浓眉大眼，宽鼻阔面，双手半握在腰间，左手持一圆球。上身小袍，下着紧腿裤。狮子向左侧歪头张口卧倒状。双目圆睁，鬃毛附颈后，四肢前屈，尾端上翘。

通州张家湾镇里二泗村的佑民观俗称娘娘庙，里面供奉的是女神天妃（东南沿海一带多称妈祖）。这座观历史悠久，与漕运密切相关，受到元、明、清三代皇帝的敬奉和关注。

元代漕运总督张瑄指挥海船运粮，沿海驶进天津口岸，到达张家湾，每次海运都较为顺利。漕运官兵认为是天妃女神在保佑一路平安，为感其灵验，遂建此庙。酷好道教的明世宗到此后，赐名"佑民观"。

《红梦楼》第六十二回中，宝玉过生日，凤姐送的贺礼中有"一件波斯国所制玩器"。可见，在清代西方器物出现于大户人家的往来礼品中。

康熙十二年（1673 年），掌管钦天监的比利时人南怀仁主持建造了一套六种大型天文仪器，置于现在建国门桥西南的古观象台。从明代起，古观象台从事天文观测近 500 年，是现存古观象台中连续观测最悠久的，其天文仪器反映了西欧文艺复兴时代以后的科技水平和成就。

　　谐奇趣、万花阵、大水法、海晏堂等建筑组成的西洋楼景区游人如织，是圆明园最著名的景区。这是我国皇家宫苑内第一次大规模出现西洋式建筑和园林喷泉。虽然设计者是郎世宁、王致诚等西洋传教士，但建造者是中国人，在建造过程中，还大量运用了中式道路、中式石雕花纹。因此，具有"中西合璧"的风格。

原载《北京青年报》2017 年 5 月 16 日

亚洲交往 源远流长

——文物所见北京与亚洲其他国家文明交流

"亚洲文明，交流互鉴。"亚洲文明对话大会是汇聚亚洲文明的宽广平台，是亚洲文化大交流的人文盛事，是激发文化共鸣点、维护文明多样性的文明盛会。北京作为世界性城市，自古与很多亚洲国家有着广泛的交往，因此云集了众多与之有关的珍贵文物。

高丽： 首都博物馆展出的金代女真贵族乌古论窝论墓中出土的青釉葫芦形执壶，被部分学者认为是来自高丽的青瓷。此壶造型精致秀雅。壶嘴细长，弯弯的把手前端附一棱形部件，上有穿孔，以便拴绳连接盖与把手。壶盖窄小，上面有钮。通高 28.4 厘米，最大腹径 17 厘米。釉色青翠莹润，类玉似冰，千峰翠色，色彩清新柔和。

高丽青瓷代表着高丽文化的精髓。它继承了新罗时代（公元前 57—公元 935

乌古论窝论墓中
出土的青釉葫芦
形执壶

年）陶瓷器工艺的生产技术，以其高雅、清新，色青翠享誉于世，又名翡翠色瓷器。据南宋《袖中锦》刊载，当时被南宋誉为"天下第一"的物品中，就记有"高丽秘色"，即高丽青瓷。南宋人在古文献中的这种称颂，应是对高丽青瓷高峰发展期真实面貌的如实记载。高丽青瓷的发展，受中国北方汝窑和南方龙泉窑影响最深，呈现出深沉的绿玉式格调，以刻划的菊花唐草为主要装饰纹样。12 世纪始，高丽青瓷发展达到高峰，釉色近似于龙泉窑、汝窑的梅子青、艾叶青、粉青、天青、月白等色。这件青釉执壶的造型、釉色与工艺，充分展现了高丽青瓷的制作水平，成为金国与高丽文化交往的见证。

房山谷积山中的灵鹫禅寺，始建于五代时期。元代，在高丽籍大臣高龙普的大力资助下重修，元顺帝令高丽僧为住持。这一事件反映了元代宗教发展的开放势态，在北京佛教史上有着重要意义。明代时，高丽王朝有上百僧人在灵鹫禅寺学习佛学，真是外来的和尚好念经，别有一番景观。

日本：北京不少清代墓葬中出有"宽永通宝"，尤以通州等地为多。"宽永通宝"是日本历史上铸造量最大、铸造时期最长、版别最多，也是流入我国数量最多的货币之一。它始铸于日本后水尾天皇宽永三年（1626 年），从 1636 年开始大量铸造，前后流通长达 240 余年，相当于中国的明代晚期至清代早期。

宽永通宝在北京的出现证明了中国并非向日本单向输出铜钱，日本货币在双方贸易及交往中流入中国，其数量之多竟超过了某些明代铜钱。这表明，北京，特别是南部地区是该货币的重要流入市场之一，与大运河作为联结南北方地区的交通要道有着直接关系。

琉球：国子监曾是一座国际性学校，接纳各国留学生就读：琉球、日本、朝鲜、越南、泰国、俄罗斯等国。明代首开外国留学生入国子监读书之先河，高丽国于洪武三年（1370 年）遣金涛等 4 人入监读书，金涛回国后一直做到高丽国的丞相。从洪武二十二年(1389 年) 起，日本也开始遣子弟入监就读。而在这些国家中，以琉球国"为最笃"，琉球官生入监就读者络绎不绝，甚至还出现了女性留学生。为此将后院的西厢原国子司业的办公场所改为琉球学馆，专门作为琉球留学生的宿舍和学习场所。这处学馆的后轩遗址被考古发现了。

通州张家湾城外立禅庵村东有琉球国墓园，葬有向清朝进贡的副贡使、汇报国情的陈情官和来学习的官生。最早葬于此且职位最高的是朝贡副使、正议大夫杨联桂(汉名)。他在清康熙五十八年(1719 年) 十月，于北京病故，"蒙恩选择吉地"，选中中琉两国交往的必经之途——张家湾客船码头的南侧。当时康熙为表示对琉球国友好，还为杨联桂竖立了一通谕祭碑。琉球国墓园是中琉文化交往的见证。

南亚：首都博物馆展出的铜桥耳炉，高 13 厘米，口径 19.4 厘米。明宣德皇帝在位时，嗜好玩赏香炉，特下令从日本、泰国 (暹罗国)、荷兰、印度、印度尼西亚 (三佛齐)、马来西亚 (勃泥) 等地区进口了一批铜、铅、锡以及硇砂、胭脂石、安澜石等原料，责成宫廷

御匠参照宫中内藏的宋代名窑
瓷器的形制，设计和监制香炉。
经过十二炼，可谓"百炼锤成"。
制成的香炉，颜色多呈栗壳色、
佛经纸色、茄皮色、棠梨色、
褐色等，晶莹滑润，成为一直
被模仿，但从未被超越的举世
闻名的宣德炉。

巴基斯坦：龙潭湖以北的
吕家窑曾发现过元代铁可父子
墓。铁可是中国籍的巴基斯坦
人，17岁就入朝为官，成为主
管农业的要员。墓中随葬的多
穆壶（现在首都博物馆展出），
具有浓郁的蒙藏民族风格。

多穆壶口部后面为云瓣形
直墙。器身呈竹筒圆柱状，饰
三道凸带纹及三道直带纹，交
接处饰乳钉纹。器身一侧为管
状流，一侧为扁条形曲柄，并
上下各贴饰云纹配饰。釉色白
中泛青，胎质细腻。多穆壶是
蒙古族和西藏、青海游牧民族
用来搅拌、盛放酥油茶或酒的

琉球国墓园图

宣德款铜桥耳炉

器皿。"多穆"一词源自藏语"勒木",本意为盛酥油的桶。在菲律宾伊梅尔达博物馆也收藏着两件多穆壶,其中一件,形制与铁可墓中的这件完全相同。

影青多穆壶

尼泊尔:阜成门内大街路北的大圣寿万安寺,由尼泊尔工艺家阿尼哥设计和监造。它有一个更为人知的名字——白塔寺。

相传阿尼哥初到大都,见到忽必烈,元世祖对这个年轻人的才能表示怀疑。正好,他得到了一件残破的北宋针灸铜人。皇帝召集了很多能工巧匠试图修复,但都以失败告终了。阿尼哥虽然没有修复此类铜像的经验,但还是勇敢地接受了任务。经过一番钻研,最终修补成功。忽必烈召集了所有的工匠前来观摩,并对他们说:"你们不是都说这件东西修不好吗?可人家为什么做到了?"从此,忽必烈被阿尼哥的才华彻底折服。至元八年(1271 年),他决定在大都修建一座大白塔以祈福,并把这个艰巨的任务交给了年仅 27 岁的阿尼哥。于是,内地出现了第一座凝聚着藏汉风格与尼泊尔艺术的白塔,成为今天北京的地标性建筑。

作为今天中尼两国人民友好的象征,白塔历经 700 余年雄姿不减。

叙利亚:房山的元代景教十字寺遗址,出有两方带十字架的石刻,其中一方正面所刻的十字中央刻宝相花瓣,两侧各刻一行叙利亚文，意为："你瞻仰着，将能得到你所希望的"，又可译为，"仰望他，寄希望于他"（复制品在首都博物馆展出）。

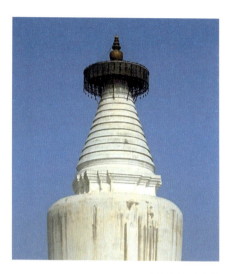

大圣寿万安寺白塔

元至正二十五年（1365年）的寺碑，记述了大都人景教长老拉班·骚马在此静修并向信徒讲道的盛况。拉班·骚马还曾带着忽必烈的谕旨，前往耶路撒冷朝圣，后经君士坦丁堡到达罗马、巴黎和伦敦。

阿富汗：乾隆二十七年（1762年）冬，爱乌罕（今阿富汗）国王爱哈默德·沙颥送给了乾隆皇帝四匹阿拉伯骏马作为礼物。这些阿拉伯马是当时世界上最著名的赛马，它们带来了和平的信息。

刻有叙利亚文
的十字寺石刻

乾隆见到宝马后非常欢喜，分别赐名为"超洱骢"（灰色有圆斑纹）、"徕远骝"（赤黑色）、"月骨駯"（黄白色，蹄带红色）、"凌昆白"（白色，蹄有红色）。他邀请爱乌罕使者在宫中过年，并安排当时最具声名的宫廷画师郎世宁绘制了《爱乌罕四骏图》记录下来。卷中的四匹骏马画得高大英武，神采飞扬；每匹马身高均在七尺以上，远远超过郎世宁曾画过的《十骏图》中蒙古马的高度。乾隆见图很是喜欢，亲自御笔作《爱乌罕四骏歌》，详细记录了骏马的来龙去脉，以及每匹马的尺寸特征。第二年正月，北京西郊的畅春园西厂举行阅兵大典时使用了这些骏马。

"文明因交流而多彩，文明因互鉴而丰富。"珍贵的亚洲文物作为历史的见证者，为后人诉说着精彩的过往。它们是增进亚洲文化交流和形塑民族记忆认同的重要因素，是推动亚洲文化繁荣的重

《爱乌罕四骏图》之一（原图藏于台北"故宫博物院"）

要动力，也是不同国家和民族之间平等对话、和平共处的纽带和桥梁，反映着亚洲文明交相辉映，相得益彰，悠久灿烂，互动交融，璀璨辉煌。

原载《北京日报》2019 年 5 月 16 日